KB165413

모든 직업에서
감정노동이
발생한다

감정노동 직업군의 정의

모든 직업에서
감정노동이
발생한다

윤서영 지음

커리어북스
CAREER BOOKS

프롤로그

대기업 콜센터에 교육하러 가서 겪은 일이다. 두 시간쯤 지나고 한 분이 조심스럽게 다가와 사람들이 없는 곳으로 나를 이끌었다.

교육생 강사님~ 저희는 감정노동자가 아니에요.

무슨 뜻인지 몰라 바라보는 내게 다시 말한다.

교육생 저희는 정규직 직원이거든요.

눈치로 의미를 이해하고는 형식적으로 호응했다.

강 사 아~ 네!

교육생 저희를 감정노동자라고 표현하시면 강의 듣는 수강생들이 불쾌할 수 있어요. 두 시간 동안 몇 번 말씀하셨는데 제가 조마조마해서요. 주의해주셨으면 좋겠어요.

당일 교육은 감정노동이 무엇이며, 어떻게 극복해야 하는지에 관한 교육이었다. 그러나 교육의 내용을 이해하는 것은 둘째 치고 그들은 감정노동자가 아니라고 정의 내린 상태였다.

감정노동은 1983년 앨리 러셀 혹실드_Alie Russell Hochschild가 미국 델타 항공사의 승무원에 관한 논문에서 최초로 사용한 용어이다. 감정노동의 의미는 자신이 실제 느끼는 감정과 조직에서 표현을 요구하는 감정이 일치하지 않는 모든 상황에 적용된다. 여기에서 중요한 것은 혹실드가 사회학자라는 것이다. 사회학 측면에서 어떠한 사회의 구조적 특징이 계층 간에 감정노동을 발생시키는가에 초점이 맞추어져 있다. 그럼에도 불구하고 혹실드는 그의 저서에서 감정노동이 사회계층의 특징 이외의 상황에서도 발생할 수 있으며, 이것은 일상생활과 같은 흔한 장면에서도 발생할 수 있다고 언급했다. 이후 감정노동에 관해 경영학에서 조직 내의 어떤 상황에서 감정노동이 발생하는가에 관한 연구로 발전되고, 심리학에서 어떠한 개인의 심리특성이 감정노동에 취약한가를 연구하는 등 다양한 연구로 발전되었다.

그러나 대중에게 알려진 감정노동은 1983년에 머물러 있다. 이것은 숙련되지 않은 지식으로 기사를 쓴 기자들과 미디어의 책임도 일부 있다고 생각한다. 미디어에 노출된 감정노동 상황은 비행기 안에서 라면을 잘못 끓였다고 모 회사 상무에게 손찌검을 당한 승무원과 땅콩회항사건 등 범접할 수 없는 대상에게 일방적으로 폭언과 폭행을 당하는 장면이었다. 뿐만 아니라 백화점에서 무릎 꿇고 우는 직원, 식당에서 고성으로 폭언하는 고객 앞에서 당하는 직원 모습을 방영하며 감정노동에 관해 대중을 학습시켰다.

많은 학자는 감정노동을 거의 모든 직업으로 확장해야 한다는 주장에 동의한다. 현 시점에서 이것은 매우 중요하다. 우리나라는 법률용어로 '감정노동'을 채택해 사용하고 있으며, 직장 내에서 감정노동으로 인해 발생한 정신장애가 산업재해로 인정받을 수 있기 때문이다. 선진국은 법률용어로 '감정노동'이 아닌 '직장 내 스트레스'를 사용한다. 그러나 우리는 '감정노동'과 '직장 내 괴롭힘' 등의 용어를 사용해 구분하고 있다. 이는 해당 용어들이 학문적 깊이를 더해 명확하게 정의될 필요가 있음을 시사한다.

이 책은 나의 지난 10여 년의 감정노동에 관한 연구의 총체이다. 이전 직장생활 13년 동안 경험한 고객과 운영관리, 지원총괄 등의 연륜이 더해졌다. 책으로 연구한 지식과 지식으로는 경험할 수 없는 연륜을 더해 모든 직업으로 감정노동을 확장해야 할 필요성을 이 책에 담고자 노력했다. 부디 감정노동에 관한 대중의 이해에 도움이 되길 바라는 마음으로 이 책을 시작한다.

C O N T E N T S

C O N T E N T S ─

Part 6 ｜ 감정노동 해소 및 보호방안

E M O T I O N A L

L A B O R

PART 1

감정노동이란
무엇인가?

EMOTIONAL

CASE
#01

우리가 알고 있는
감정노동

★ ★ ★ ★ ★ ★ ★

LABOR

정 대리와 윤 대리는 엘리베이터 앞에 함께 서 있다. 오늘은 '감정노동 강사 과정'의 주제로 워크숍이 있는 날이다.

정대리 아니, 우리는 감정노동자도 아닌데 왜 이런 교육을 받으라는 거야? 바빠 죽겠는데 이런 데 시간을 써야 해?

윤대리 감정노동자가 아니야?

난 감정노동자인 거로 알고 있는데….

정대리 무슨 소리야?

지난번 뉴스에서 보니까 마트나 백화점에서 일하는 비정규직 사원을 감정노동자라고 하던데….

윤대리 나야말로 무슨 소리인지 모르겠다. 그럼 항공사 승무원들도 정규직이면 감정노동자가 아닌가?

정대리 감정노동자는 비정규직이나 임시근로직을 의미하는 게 아니었어?

윤대리 글쎄….

'내가 느끼는 진짜 감정과 다른 감정을 직업상 표현해야 하는 상황' 이런 업무가 40% 이상인 직업을 감정노동직이라고 하던데…. 그럼, 우리도 포함되지 않아?

정대리 우리가 감정노동자라고?

윤대리 고객한테 정 대리님이 느끼는 대로 표현할 수 있나?

정대리 음…. 그건 아니지.

윤대리 고객이 막 뭐라고 해도 감정적으로 아무렇지도 않아?

정대리 엄청 화나지!

윤대리 그렇다고 고객한테 화낼 순 없잖아.

　　　　그럼 감정노동자 아닌가?

정대리 그런 거야? 그럼, 뉴스에는 왜 그렇게 나오는 거야? 난 내
　　　　가 감정노동자인 줄도 몰랐네!

윤대리 아니면, 회사에서 돈, 시간 들여가면서 이런 교육을 하지
　　　　않으시겠지요~ 빨리 타세요!

서로 마주 보고 웃으며 엘리베이터를 타고 교육장으로 올라간다.

　21세기 들어 신설되는 직업 중 80% 이상이 서비스업이라는 고
용노동부 발표가 있었다. 서비스업종은 고객을 대하는 직업이고,
지금까지 대부분의 서비스업에서 고객과 직원은 평등하지 않았
다. 그런 의미에서 감정노동의 대표직으로 서비스업종을 떠올리
는 것은 이상하지 않다.

　그러나 서비스업이 아니라도 사람을 대하는 모든 상황에서 감
정노동은 발생한다. 제약회사 연구원을 예를 들면, 그들은 3~4명
이 같은 방 안에서 같은 주제로 연구한다. 근무시간의 대부분은
연구하며 보내지만, 연구실 내 3~4명의 인간관계는 피할 수 없다.
그중 관계가 껄끄럽거나 자신의 기준에 이상한 성격이라고 판단

되는 사람 한 명이 있다고 생각해보자. 필자의 지인 중에도 연구원이 있지만, 이들은 전공에 따라 연구소 방이 나뉘기 때문에 보직 변경이 힘들다. 10년 근무하면, 고정된 3~4명의 연구원이 한 연구실에서 10년을 함께하는 것이다. 서로 대화가 적다고 할지라도 맞지 않는 사람과의 10년은 생각만으로도 힘들다. 이처럼 사람을 대하는 직업이 아니더라도 자신의 진짜 감정을 숨겨야 하는 상황은 쉽게 접할 수 있다.

다른 예로 의사를 들어보자. 의사는 종일 환자를 대한다. '아프다', '힘들다' 이외에도 병이 악화될까 봐 '두렵다', 수술이나 약의 부작용이 있을까 봐 '걱정이 된다' 등 대부분 부정적인 말을 듣는다. 특히, 고연령의 환자는 특정 부위의 증상을 정확하게 이야기하지 않는다. 어깨도 쑤시고, 머리도 아프고, 다리가 붓는다는 등 특별한 증상 없이 자신이 아픈 부분들을 열거한다.

의사라고 이런 이야기를 언제나 듣기 좋겠는가? 하지만 이렇게 공감을 표현함과 동시에 객관적인 의료행위를 해야 하는 감정노동 상황을 매일 접한다. 다만 직업적으로 기대하는 감정표현규칙에서, 학력과 연봉이 높을수록 감정노동에서 벗어날 수 있는 선택권인 자유도가 커지는 경향이 있다는 내용을 뒤에서 다룰 것이다. 의사는 직업적으로 감정노동 상황에서 더 듣고 싶지 않다는 의사 표현을 하거나, 그 상황을 참고 견디는 것 중 한쪽을 선택할 수 있는 자유가 크다. 이것은 뒤에서 좀 더 자세히 설명하겠다.

1. 블랙컨슈머의 발생 배경

1980년대 들어 고객유치를 위한 '서비스_service'의 개념이 등장한다. 그즈음 기업은 구전을 통한 상품홍보에 의존하는 경향이 컸는데, 이로 인해 자연스럽게 고객의 힘이 커지게 된다. 이것은 고객불만을 최소화하기 위해 고객이 원하는 서비스를 제공하려는 기업의 노력으로 발전한다.

고객과 양호한 관계를 유지해 기업의 이윤추구로 이어지려는 경영전략인 고객관계관리_CRM를 도입하게 된다. CRM_Customer Relationship Management은 1990년대 이후부터 알려진 개념으로 고객 획득, 고객 유지, 고객 수익성, 고객 로열티를 향상시키고자 의미 있는 커뮤니케이션을 통한 고객행동을 이해하는 전사적인 접근방법이라고 정의한다_고은주, 2006.

기업은 CRM 경영전략을 도입하면서 고객을 세분화하고 분류해 'VIP 고객', '최우수 고객' 등으로 칭하며, '평생 고객' 등의 호칭을 사용해 타사로의 이탈을 방지하는 전략을 수행했다. 표1 과 같이 고객관리에 등급제를 도입해 차별화를 시행하고, 할인정보나 가시적인 보상을 통해 금전적인 보상을 제공했다.

표 1 고객관계관리(CRM) 활동 유형	
고은주 (2006)	· 지속적인 고객관계관리 · 고객 세분화에 따른 우수고객 대우 · 효율적인 고객관리 · 개별화 서비스
양흥모 (2007)	· 지속적인 접촉관리 · 차별적인 고객관리 · 가시적인 보상
박선희·박혜선 (2009)	· 할인 관련 정보 제공 · 커뮤니케이션 · 구매 후 관리 · 만족스러운 서비스 · 차별관리

출처_진상 고객 갑씨가 등장했다, 윤서영, 2019

기업들의 과도한 서비스 정책은 일부 고객센터에서 상담사에게 '고객님, 사랑합니다'라는 인사말을 강요하기에 이른다. 이로 인해 종사자는 자신의 실제 감정을 무시하고 조직에서 요구하는 밝고 긍정적인 감정을 표현하는 이중적인 감정상태에 빠지게 되었고, 이것이 다양한 정신장애 증상으로 발전하게 되었다. 종사자의 자살사건, 우울증에 관한 산업재해 신청 등 다양한 사건을 통해 육체건강뿐 아니라 정신건강도 보호되어야 한다는 목소리가 커지기 시작했다. 특히, 세계적으로 알려진 대한항공의 땅콩회항 사건을 통해 감정노동이 대중에게 알려지면서 2018년 10월 18일 산업안전보건법이 시행되기에 이른다.

그림 1 고객관계관리_CRM

출처_진상 고객 갑씨가 등장했다, 윤서영, 2019

2. 감정노동의 정의

감정노동_Emotional Labor은 사회학자 앨리 러셀 혹실드_Alie
Russell Hochschild가 1983년에 최초로 사용했다. 그는 미국 델타 항
공사의 승무원에 관한 논문에서 감정노동이 어떠한 사회계층의
구조적 특성에서 발생하는지에 관한 연구를 발표했다. 혹실드는
감정노동이란, '많은 사람의 눈에 보이는 얼굴의 표정과 몸짓을
만들어내기 위해 감정을 관리하는 일'이라고 정의하고, 직업적으
로 요구되는 감정표현을 위해 자신의 진짜 감정을 숨기는 것이
업무의 40% 이상인 사람을 감정노동자라고 말했다.

이후 많은 연구가 진행되면서 감정노동에 관해 학자별로 다양
한 정의가 내려진다. Ashforth & Humphrey는 감정노동에 관해
'특정한 상황에서 적절한 감정을 표현하는 행위'로 정의했으며,
Morris and Feldman은 '종업원과 고객 간 상호 교환과정에서 조
직으로부터 요구되는 감정의 표현을 위한 종업원의 노력, 계획 그
리고 통제'라고 정의했다. 2000년대 들어 Grandey의 연구에서
'조직목표를 달성하기 위해 느낌 및 감정표현을 규제하는 과정'이
라고 정의하면서 감정노동 정도를 측정했다. 이처럼 연구자별로
감정노동의 정의를 정리하면 **표2** 와 같다.

이처럼 감정노동 연구는 사회학자인 러셀 혹실드에 의해 사회
구조에서 계층 간의 이해관계에서 어떻게 발생하는가를 시작으

로 연구되었다. 이후 경영학에서 감정노동이 조직 내의 성과와 조직관리 그리고 이직에 어떤 영향을 미치는지 연구되었으며, 심리학에서 '스트레스-취약성 모델'과 같은 어떠한 개인의 심리적 특성이 감정노동을 더 높게 만드는지 등이 연구되었다. 이렇게 연구가 진행되면서 표면화 행위와 내면화 행위, 소진, 긍정적·중립적·부정적 감정노동 등 다양한 감정노동의 하위개념이 발전한다. 이 책에서 감정노동 직업군을 설명하면서 다양한 하위개념이 거론되기에 각 하위개념에 관해 간단하게 설명을 진행했다.

표 2 연구자별 감정노동의 정의 및 연구

학자	연구
Alie Russell Hochschild(1983)	감정노동 용어 최초 사용. 항공사 종업원을 대상으로 한 경험연구를 통해 감정표현의 규칙이 존재함을 발견.
Ashforth & Humphrey(1993)	감정노동을 특정 상황에 적절한 감정을 표현하는 행위로 정의.
Morris & Feldman (1996)	감정노동이란 종업원과 고객 간 상호 교환과정에서 조직으로부터 요구되는 감정표현을 위한 종업원의 노력, 계획 그리고 통제로 정의. 감정표현에서 개인특성 및 작업 환경요인의 중요성 강조.
Grandey(2000)	감정노동이란 조직목표를 달성하기 위해 느낌 및 감정표현을 규제하는 과정이라고 정의. 근로자의 감정노동 강도를 측정.

출처_내 마음의 고요함, 감정노동의 지혜, 윤서영, 2016

3. 선진국의 감정노동 보호법

국내 감정노동자 보호법은 이제 해당 법률을 시행했다. 그렇다면, 선진국은 어떨까? 유럽과 일본 등 선진국에서는 '감정노동자'가 아닌 '직무스트레스'의 용어를 사용해 직업에서 수행하는 업무의 전반에서 발생할 수 있는 다양한 스트레스 상황을 모두 내포하고 있다.

현재 국내에서는 직장에서 외부 고객에게 발생하는 스트레스를 '감정노동'으로 규정하고, 내부 고객에게 발생하는 스트레스를 '직장 내 괴롭힘'으로 규정해 별도로 규정하고 있다. 선진국의 감정노동자 보호법은 어떻게 구성되어 있을지 살펴보자.

▶ 일본

기업이 적극적으로 노동자의 마음 건강을 유지할 수 있게 노력하도록 노동자의 정신건강을 법률로 보호한다. 1999년부터 노동안전위생법에 따라 사업자는 사업장에서 '노동자 마음 건강 유지 증진을 위한 지침서'를 따르도록 의무화되었다. 이 기준에 근거해서 노동자가 근무 중 발병의 원인이 된 작업을 했다고 인정되면 산업재해로 인정한다. 자살이나 자해 등 심각한 정신적 피해를 받은 경우 사용자에 대해 안전 배려 의무 등을 위반한 책임을 물을 수 있다.

소니는 회사에 'Wellness Center'를 설치하고 정신과 의사가 상주하며 외부 전문기관을 통해 상담 및 컨설팅을 진행한다.

▶ 영국

'HSE의 감정요구 직업에 대한 보고서'에 따라 직업적으로 발생하는 감정노동을 특별관리하고 있다. 보고서에 따르면, 감정노동이 건강에 미치는 영향은 직무특성에 의해 달라질 수 있어 직무특성과 함께 관리되어야 한다고 기재되어 있다. 또한, 감정노동 경험에 관한 다양한 방식의 접근이 필요하며 직무 구성이나 건강 중재 방안을 모두 모색해야 한다고 권고한다. 특히, 직업적인 측면에서 직업의 특성을 이해하고 상황에 맞는 면밀한 검토와 평가가 이루어져야 한다고 강조하고 있다.

▶ 유럽

직무스트레스를 제조업과 서비스업에 광범위하게 적용해 산업재해의 범위를 '사고 중심'에서 '질병 중심'으로 확대하고 있다. '사고 중심'은 사고가 발생한 경위를 조사해 조사 결과를 중심으로 산업재해의 범위를 선정하는 방식이다. 이에 반해 '질병 중심'은 고객의 폭언과 폭행 이후에 과거에는 없던 '우울증'이 발병했다면 산업재해로 보상받을 수 있도록 한다. '사고 중심'에서 조사하는 육하원칙에 의해 사건 경위를 조사하는 것이 아닌, 과정을 통해 종사자가 어떤 정신장애를 얻었는지에 초점이 맞추어진다.

국내의 '감정노동자 보호법'은 서비스 업종에 국한하지 않고 인간의 관계적인 측면에서 발생하는 직무스트레스를 포함하도록 확장되어야 한다. 앞으로 선진국과 같이 다양한 직업군에서 산업안전보건법의 업무상 질병으로 인정받을 수 있어야 할 것이다.

지금처럼 서비스 업종에 국한해 '감정노동자 보호법'을 시행한다면, 극한의 감정노동 현장에서 일하는 소방공무원이나 경찰관은 '감정노동자 보호법'의 적용을 받을 수 없다. 또한, 전문직에 속하는 의사나 변호사는 '감정노동'은 자신의 직업과는 거리가 있는 이야기라고 생각할 것이다.

직무를 수행하는 중에 우리는 누구나 직장 상사나 서비스 대상자에게 자신의 감정과는 다른 감정을 표현할 수 있는 상황에 수시로 노출된다. 이것이 정신적·신체적인 증상으로 발현된다면 산업재해로 인정받는 것은 당연한 일이다. 앞으로 모든 직업의 직무스트레스가 산업재해로 인정받고 보호를 받을 수 있도록 '감정노동자 보호법'의 개정안이 필요하다.

4. 감정노동자 보호법

2018년 4월 17일 산업안전보건법 개정안이 발행되고, 6개월 후인 2018년 10월 18일부터 시행되었다. '감정노동자 보호법'으로 우리가 알고 있는 신설된 제26조의 2_고객의 폭언 등으로 인한 건강장해 예방조치의 상세내용은 아래와 같다_산업안전보건법.

① 사업주는 주로 고객을 직접 대면하거나 「정보통신망 이용촉진 및 정보보호 등에 관한 법률」에 따른 정보통신망을 통하여 상대하면서 상품을 판매하거나 서비스를 제공하는 업무에 종사하는 근로자_이하 "고객응대근로자"라 한다에 대하여 고객의 폭언, 폭행, 그 밖에 적정 범위를 벗어난 신체적·정신적 고통을 유발하는 행위_이하 "폭언 등"이라 한다로 인한 건강장해를 예방하기 위하여 고용노동부령으로 정하는 바에 따라 필요한 조치를 하여야 한다.

② 사업주는 고객의 폭언 등으로 인하여 고객응대근로자에게 건강장해가 발생하거나 발생할 현저한 우려가 있는 경우에는 업무의 일시적 중단 또는 전환 등 대통령령으로 정하는 필요한 조치를 하여야 한다.

③ 고객응대근로자는 사업주에게 제2항에 따른 조치를 요구할 수 있고 사업주는 고객응대근로자의 요구를 이유로 해고, 그 밖에 불리한 처우를 하여서는 아니 된다.

그렇다면 감정노동자 보호법을 위반하면 어떻게 될까? 감정노동자 보호법인 제26조의 2 벌칙은 다음과 같다.

제68조(벌칙) 다음 각 호에 어느 하나에 해당하는 자는 1년 이하의 징역 또는 1천만 원 이하의 벌금에 처한다.
- 제26조의 2 제3항을 위반하여 해고, 그 밖에 불리한 처우를 한 자

이로써 서비스 대상자를 더이상 왕으로 대하지 않고 근로자_Worker와 소비자_Customer 사이가 평등하다는 워커밸_Worker and Customer Balance이라는 신조어가 만들어졌다_김난도, 2019.

CASE #02

긍정적 감정노동, 난 괜찮아!

★ ★ ★ ★ ★ ★ ★ ★

초등학교 교사로 근무하는 윤 선생은 1학년 담임교사 모임에 참석한 신입교사에게 말을 건넨다.

윤　선생　　이제 근무하신 지 한 달 정도 됐는데 어떠세요? 혹시
　　　　　　힘들거나 하신 부분 있으면 언제든지 말씀하세요~.
신입교사　　감사합니다. 처음이다 보니 헤매기도 하지만, 아이들과
　　　　　　함께하는 시간이 좋네요.
윤　선생　　아이들과 함께하는 시간이 좋으시다니 다행이에요. 장
　　　　　　난스러운 아이도 있을 텐데, 계속 친절하고 상냥하게
　　　　　　말하는 부분이 힘들지는 않으세요?
신입교사　　전 정말이지 그건 괜찮은 것 같아요. 아이들이 얼마나
　　　　　　해맑고 밝은지 덕분에 제가 더 웃는답니다.
윤　선생　　짓궂은 아이들도 있을 텐데, 이미 적응하신 듯하네요.
신입교사　　그런가요? 어려운 일이 생기면 도움 요청할게요~.
윤　선생　　언제든지요!

　　신입교사는 때마침 들어온 다른 선생님들과 인사를 나눈다. 윤 선생은 신입교사의 모습을 보면서 '나도 저랬었지!' 하고 생각한다. 웃는 표정의 신입교사는 정말 웃으면서 아이들을 대하는 것이 괜찮아 보였다.

　　다양한 연구에서 긍정적 감정노동은 심리적 부담이 되며 이것

이 감정노동을 발현시킨다고 주장했다. 그러나 긍정적 감정노동은 모든 상황에서 감정노동을 유발하는 것은 아니다. 감정을 표현하는 당사자의 감정상태에 따라 다르다.

예를 들어, '나는 현재 웃음이 나고 웃음을 표현하는 것이 부담스럽지 않다'라는 상태라면 긍정적 감정표현이 괜찮을 수 있다. 그러나 부모님이 위중하시거나, 애인과 헤어지거나, 몸이 아프거나 하는 등 즐겁지 않은 상황이라면 이야기는 달라진다. 이런 때에 웃어야 하는 상황이 괜찮을 리 없다. 부모님의 상을 당하고도 무대에 올랐던 개그맨의 이야기는 간혹 미디어를 통해 접할 수 있다. 이런 상황은 당사자에게는 괜찮지 않은 상황일 수 있다.

Case 2에서는 긍정적 감정표현규칙이 적용되는 직업군에서 자신의 감정이 평화로운 상태에서 감정노동을 측정한 결과가 어떻게 나왔는지 살펴보겠다.

1. 표면화 행위 & 내면화 행위

표면화 행위와 내면화 행위는 감정노동의 하위개념으로 많은 연구가 이루어진 주제이다. Hochschild_1983는 감정을 감추거나 실제로 느끼지 않는 감정을 느낀 척하는 행위를 '표면 행위'라 정의하고, 이는 실제의 감정은 감춰질 뿐 변하지 않는다고 했다. 또한, '내면 행위'는 어떤 감정을 갖기 위해 노력하는 자기 촉구 행위라고 표현하고, 직접적으로 감정을 움직이는 방식과 훈련된 상상력을 간접적으로 이용하는 방법 두 가지가 있다고 언급하였다.

고객센터에 근무할 당시 상담사에게 거울을 하나씩 선물했다. 상담 도중 거울을 보면 자신의 표정이 드러난다. 자주 화장을 고치는 여자들은 쉬는 타임에 자연스럽게 웃으며 거울을 본다. 웃으며 거울을 보다가 콜을 받으면 자연스럽게 친절과 미소를 표현하게 되는데, 이는 고객센터 상담사의 내면화 행위를 위한 도구로 사용한 예라고 볼 수 있다.

Grandey_2003는 이와 같은 혹실드의 이론을 개념화하여 표면 행동_surface acting과 내면 행동_deep acting으로 정리하였다. 표면화 행위는 실제 느끼는 감정과 겉으로 표현하는 감정 사이에서의 감정부조화_emotional dissonance를 경험하게 하고 감정표현 규범의 불일치로 조직 안에서 소외된 느낌을 갖게 할 수 있다고 주장했다.

이 외의 다른 연구를 참고해 '표현화 행위'와 '내면화 행위'의 정의를 살펴보면 다음과 같다.

표면화 행위는 '배우가 연기하듯이 본연의 감정을 숨기고 조직에서 요구하는 감정을 얼굴표정, 몸짓으로 꾸며서 표현하는 것'을 의미하며, 내면화 행위는 '조직에서 요구하는 감정과 실제 느끼는 자신의 감정을 일치시키기 위하여 과거 특정 기억 속에서 현재 표현해야 하는 감정을 끄집어내는 것'을 말한다.

과거의 연구에서는 긍정적 감정표현규칙의 표면화 행위와 내면화 행위가 감정노동을 발현시킨다는 전제 아래 연구가 이루어졌으나, 최근 많은 연구에서는 긍정적 감정표현규칙의 표면화 행위는 감정노동을 유발하지만 내면화 행위는 감정노동을 오히려 감소시킨다는 연구결과가 나오고 있다.

김미정_2014은 미용 종사자의 감정노동 연구에서 표면화 행위가 적을수록 그리고 내면화 행위는 많을수록 긍정적 자아가 강화된다고 밝혔다. 이는 표현하는 감정과 내면의 감정이 일치하는 경우인 내면화 행위는 긍정적 자아가 더 높아지게 한다는 것을 의미한다. 즉, 마음이 즐거운 상태에서 미소표현을 하는 것은 자아를 더 긍정적으로 변화시킨다는 것이다.

윤서영_2020은 고객센터 상담사의 연구에서 지각된 긍정적 감정표현규칙은 감정소진에 부(-)의 영향을 미친다고 언급했다. 긍정적 감정표현규칙을 지각하고 표현하고자 노력하는 상담사는 이러한 업무로 인해 감정노동의 하위개념인 감정소진이 오히려 줄어들었다는 것이다.

또 다른 직업인 초등학교 교사의 연구에서는 내면화 행위가 다른 변수에 비해 감정에 높은 기여를 하고 있는 것으로 나타났으며, 내면화 행위의 빈도가 높은 군집이 소진이 낮고, 내면화 행위의 빈도가 낮은 군집이 높은 소진을 보였다_어예리, 2015. 자신의 감정과 표현하는 감정이 일치하는 군집_내면화 행위이 감정적인 소모인 소진이 낮고, 일치하지 않는 군집_표면화 행위이 감정적인 소모가 높다는 것을 의미한다. 이것은 최초에 감정노동이 자신의 실제 느끼는 감정과 직업적으로 표현해야 하는 감정이 다를 경우에 발생한다는 감정노동의 정의와도 일치하는 결과이다.

김미경_2019은 호텔 종사원에 관한 연구에서 내면 행위는 감정고갈에 부(-)의 영향을 미쳤으며, 직무만족에는 정(+)의 영향을 미친다고 주장했다. 즉, 내면 행위를 통해 감정의 부정적인 영향은 줄어들며, 직무만족은 오히려 상승한다는 것이다. 이에 반해 표면 행위는 감정고갈에는 정(+)의 영향을 미치고 직무만족과는 상관성이 없는 것으로 나타났다_김미경, 2019.

즉 자신의 진짜 감정과 표현하는 감정이 다른 경우에만 감정적 고갈을 경험한다는 것이다. 결과적으로 호텔 종사원의 감정표현 규칙은 심리적인 압박과 강제성에서 오는 반감 등 부정적 영향이 있을 것이란 예측과는 다르게 내면 행위에는 모두 긍정적 영향이 있음을 알 수 있었다_김미경, 2019.

　마지막으로 이러한 표면화 행위와 내면화 행위를 측정할 수 있는 진단지는 표3 과 같다. 짧은 진단지이니 업무에 참고하자.

표 3 감정노동 측정 진단지

항목	내용	점수(5점)
표면 행위	나는 마음속으로 느끼는 것과는 다른 말과 행동으로 고객을 상대한다.	
	나는 고객에게 솔직한 감정을 숨기는 경우가 있다.	
	나는 실제 감정과 다른 감정을 표현하려고 한다.	
	나는 고객을 대할 때 형식적인 행동과 말을 한다.	
내면 행위	나는 업무를 시작하기 전에 즐거웠던 일을 생각한다.	
	나는 업무를 시작하기 전에 감정을 실제로 느끼도록 실천하려고 노력한다.	
	나는 감정표현을 다양하게 하려고 노력한다.	
	나는 진실된 감정을 표현하려고 노력한다.	

출처_관광·레저연구 제23권 제3호(통권 제58호)

2. 소진_Burnout

감정노동의 하위개념에 속하는 변수 중 하나가 소진, 감정소진, 감정고갈이다. 모두 감정적으로 마이너스가 되는 요소이나 연구 결과에 따른 설명에 언급됨에 따라 각각 의미를 살펴보고자 한다.

현재 가장 널리 사용되는 소진의 측정도구를 개발한 Maslach & Jackson_1981은 감정소진_Emotional Exhaustion, 비인격화_Depersonalization, 개인성취의 감소_Reduced personal accomplishment 의 3가지를 소진의 하위개념으로 정의하였다. 감정소진은 다수의 연구에서 정서소진, 정서적 고갈, 정서고갈, 감정고갈 등으로 해석되어 사용되며, 고객에 관해 정서적으로 상실하게 되는 정도를 의미한다.

'감정소진'은 역할 스트레스의 한 유형으로, 감정노동을 수행하는 종사원이 실제 감정과 조직의 감정표현규칙에 부합하는 감정표현이나 행동이 상충할 때 발생하는 감정부조화_Emotional Dissonance의 정의와도 일맥상통한다고 볼 수 있다_윤서영, 2020. '비인격화'는 종사원이 고객에게 냉소적인 느낌과 태도를 갖게 됨으로써 고객을 하나의 인격체로 대하지 않고 하나의 상담 건으로 대하는 정도를 말한다. '개인성취의 감소'는 개인적 성취감 결여 등의 용어로 사용되며, 종사원 스스로 성취감을 경험하지 못함으로 인해 자신의 일에 의미를 찾지 못하는 정도로 정의된다_

Maslach and Jackson, 1981; 김은숙, 2008.

이러한 소진의 세 가지 요소는 분류가 아닌 상호관계적인 관점에서 살펴보는 것이 중요하다. 즉, 소진_Burnout은 그 원인이 어느 한 측면으로 설명될 수 있는 현상이 아니다. 소진의 다양한 연구가 사회학, 경영학, 심리학 등 다양한 분야에서 연구되는 것만으로도 이것이 설명될 수 있을 것이다. 즉 사회·문화적 측면에서 살펴보면, 사회계층구조의 어느 부분에 속하는 직업에서 어떤 문화적 요인으로 소진이 일어나는지 살펴볼 수 있다. 경영학적 측면에서는, 조직 내의 어떤 구조나 조직문화가 소진을 일으키는지 확인할 수 있다. 마지막으로 같은 환경조건 내에서도 개인차가 발생하는 것과 관련하여, 개인의 어떤 성격적·심리적 특징이 이와 같은 현상을 일으키는가에 관해 연구할 수 있을 것이다.

CASE
#03

직업에 따른
감정표현규칙이란?

★ ★ ★ ★ ★ ★ ★ ★

감정노동을 최초로 정의한 앨리 러셀 혹실드_Alie Russell Hochschild는 사회학자의 시각으로 어떤 사회계층의 구조적인 상호작용이 감정노동을 발생시키는가에 관해 접근했다. 그는 항공사 종업원들의 경험연구를 진행하면서 종사원에게 조직이 요구하는 감정표현규칙이 존재한다는 것을 발견했다. 감정표현에 관한 규칙이란 직업마다 수행하는 업무에 따라 적절한 감정을 표출해야 하는 감정의 표준화된 규범이 존재한다는 것이다. 이것을 혹실드는 감정규칙이라 명명하였고, 이후의 연구에서 감정표현규칙_Emotional display rules으로 수정되었다.

Ashforth & Humphrey는 감정노동의 한 연구에서 기업에서 종업원에게 기대하는 감정의 '표현규칙_Display Rule'이 있다고 주장하며 새로운 용어를 제시했다. 기업이 서비스를 제공하면서 상황에 맞는 감정표현규칙을 종업원에게 기대하며, 종업원도 이러한 기업이 기대하는 감정표현규칙을 표현하고자 노력한다는 것이다. Ashforth & Humphrey는 직업에서 요구하는 감정표현규칙에 따라 긍정적 감정표현규칙, 중립적 감정표현규칙, 부정적 감정표현규칙으로 분리해 설명하였다. 해당 연구에서 직업적인 감정표현규칙의 예로 항공사 승무원은 밝고 친근하게 표현하며, 장례사는 엄숙하고 겸손하게 표현하고, 간호사는 공감적이고 협력적인 감정을 표현하며, 경찰 조사관은 불안을 유발하는 적대감과 차가움을 표현하고, 의사는 객관성과 감정적 평형을 유지하는 감정을 표현한다고 언급했다.

Ashforth & Humphrey_1993의 연구는 이후의 감정노동에 관한 연구에 영향을 주어 Schaubroeck & Jones_2000, 지진호_2009, 문영주_2013, 고인곤·문명주_2017, 김중인_2018 등 국내외 많은 연구에서 감정표현규칙에 관한 연구가 진행되었다.

감정표현규칙의 용어는 연구마다 조금씩 다르게 표현되었다. 공감·긍정적 감정표출, 중립적 감정표출, 부정적 감정표출로 기재하기도 했으며_문영주, 2013, 긍정감정표현규칙, 중립감정표현규칙, 부정감정표현규칙으로 기재하기도 했고_김중인, 2018, 지각된 긍정적 감정표현규칙, 지각된 중립적 감정표현규칙, 지각된 부정적 감정표현규칙으로 기재하기도 했으며_윤서영, 2020, 마지막으로 긍정적 감정노동, 중립적 감정노동, 부정적 감정노동으로 기재하기도 했다_고인곤·문명주, 2017.

윤서영_2020의 연구에서 '지각된_Perceived'이란 표현은 조직이 요구하는 감정표현규칙을 종사원이 지각하고 있다는 것을 의미한다. 예를 들면, 고객센터의 관리자는 평소에는 상담사에게 친절과 공감을 표현하는 긍정적 감정표현규칙이 요구되지만, 불만고객이 인입될 경우 상담사가 중립적 감정표현규칙과 부정적 감정표현규칙을 통해 불만행동을 중단시킬 것이 요구된다는 것을 상담사 자신도 인지하고 있다는 것이다. 이는 평소 상담 코칭이나 교육을 통해 훈련하기 때문이다.

이처럼 다양한 연구에서 직업별로 상황에 따라 조직이 종사원에게 요구하는 감정표현규칙에 대해 설명하고 있는데, 이것이 감정노동을 유발하기 때문에 최초의 요인이 되는 '감정표현규칙'과 그로 인해 발생하는 '감정노동'의 용어를 혼합해서 사용하고 있음을 알 수 있다.

이 책에서는 독자의 이해를 돕기 위해 가장 친근한 '감정노동'의 용어를 사용해 긍정적 감정노동_(=긍정적 감정표출, 긍정감정표현규칙, 지각된 긍정적 감정표현규칙), 중립적 감정노동_(=중립적 감정표출, 중립감정표현규칙, 지각된 중립적 감정표현규칙), 부정적 감정노동_(=부정적 감정표출, 부정감정표현규칙, 지각된 부정적 감정표현규칙)으로 표기하고자 한다. 이에 속한 직업군도 각각 긍정적 감정노동 직업군_(=긍정적 감정표현규칙 직업군), 중립적 감정노동 직업군_(=중립적 감정표현규칙 직업군), 부정적 감정노동 직업군_(=부정적 감정표현규칙 직업군)으로 표기했다.

현재 감정노동 연구는 긍정적 감정노동에 해당하는 서비스 직업군에 치우쳐져 있으며, 조직이 요구하는 감정표현규칙에 관한 연구는 거의 찾아보기 힘든 실정이다. 추후 직업별로 더 체계적인 감정노동 연구가 이루어지며, 용어도 통일될 것으로 기대한다.

1. 감정노동에 속하는 직업군

먼저 감정노동에 속하는 직업군을 살펴보겠다.

표4 는 감정노동을 많이 수행하는 직업 30선을 보여준다. 자세히 살펴보면 다양한 직업군이 있음을 볼 수 있다. 감정노동이 가장 높은 직업은 4.70의 점수를 얻은 항공기 객실 승무원이다. 10위인 고객센터 상담사의 감정노동 측정점수는 4.38을 기록하고 있다. 이 외에 치과의사나 아나운서 및 리포터, 결혼상담원 및 웨딩플래너, 연예인 및 스포츠 매니저도 있고, 약사 및 한의사도 포함된 것은 지금까지 미디어에 노출된 감정노동 관련 직업과는 다소 차이가 있는 것을 알 수 있다.

자세히 살펴보면 이들 사이에 공통점이 있다. 많은 고객이나 사람을 대하는 직업도 포함되어 있지만, 인생에서 결혼·죽음·출생·생명이 위독한 상황과 같은 극한의 스트레스를 받는 사건과 연관된 직업이 대다수이다. 결혼과 관련된 결혼상담원 및 웨딩플래너, 여행 및 관광통역 안내원이 있고, 죽음·출생·생명과 관련된 장례상담원 및 장례지도사, 응급구조사, 간호사_조산사 포함, 보험 영업원, 약사 및 한의사, 경찰이 있다. 최근 다양한 연구에서 경찰관과 소방관의 감정노동이 심각한 수준으로 가정해체까지 이르는 경우가 있다는 결과가 있었다. 이처럼 극한의 상황에서 나도 모르는 나를 분출할 수 있는 사건과 연관된 직업이 다수 있다는

표 4 감정노동을 많이 수행하는 직업 30선

직업코드	직업명	평균	직업코드	직업명	평균
1241	항공기 객실 승무원	4.70	0651	물리 및 직업 치료사	4.20
1054	홍보 도우미 및 판촉원	4.60	0291	비서	4.19
1032	통신서비스 및 이동통신기 판매원	4.50	1274	스포츠 및 레크리에이션 강사	4.18
1223	장례상담원 및 장례지도사	4.49	0614	치과의사	4.16
0863	아나운서 및 리포터	4.46	0711	사회복지사	4.16
0181	음식 서비스 관련 관리자	4.44	1233	여행 및 관광통역 안내원	4.15
1154	검표원	4.43	0531	경찰관	4.15
0882	마술사	4.39	1221	결혼상담원 및 웨딩플래너	4.13
1321	패스트푸드점 직원	4.39	0471	유치원 교사	4.13
0282	고객 상담원 (콜센터 상담원)	4.38	0881	연예인 및 스포츠 매니저	4.13
1212	미용사	4.35	1111	경호원	4.12
1034	텔레마케터	4.35	0331	보험 영업원	4.12
0323	출납창구 사무원	4.34	0721	보육교사	4.12
0675	응급구조사	4.34	0631	약사 및 한약사	4.11
0641	간호사 (조산사 포함)	4.33	1231	여행상품 개발자	4.10

출처_KRIVET Issue Brief, 2013, 26호

점은 주목할 만하다. 직업에 따른 감정노동의 측정점수 결과값은 고객 불만 강도와 종사원이 불만고객을 접하는 횟수에 비례한다.

대면 업무에서 불만고객을 만났을 때 자신의 표정까지 관리해야 하는 종사원의 감정노동은 당연히 높을 수밖에 없다. 고객을 직접 대면하지 않는 비대면 업무는 대면 업무보다 감정노동이 낮을 수 있지만, 이에 반해 불만고객을 접하는 횟수는 높다. 고객센터의 업무특성에 따라 다르지만, 최근 인바운드_In-Bound 고객센터 추이는 상담사 한 명이 하루에 평균 80콜에서 많게는 100콜이 넘는 호를 수용한다. 비록 비대면이지만 하루에 100명이 넘는 고객과 접촉한다는 것을 의미한다. 더 많은 고객을 만나면 불만고객을 만날 확률도 높아질 것이다. 이런 이유로 비대면 업무에 대한 감정노동 측정점수가 높아지는 것이다.

한국의 서비스산업 종사자는 1,851만 5,000여 명으로 전체 취업자 중에서 차지하는 비중이 70.6%에 달하고 있다_통계청, 2017. 감정노동자 보호법의 법률 개정안의 내용과 고용노동부에서 발표하는 감정노동자를 위한 매뉴얼에서도 감정노동직을 서비스업에 국한해 표현하고 있다.

분명한 것은 감정노동자를 분류한 기준이 무엇이든 간에 현재의 기준에서 확장할 필요가 있다는 점이다. 이 책은 감정노동 직업의 분류기준이 왜 확장되어야 하는지에 관해 다양한 직업의 논문을 토대로 문헌연구를 진행했다. 이 책을 통해 각 직업별로 심리적인 부담이 어느 정도인지 그 특성을 자세히 살펴보고 어떤 기준으로 감정노동자를 분류해야 하는지를 깊이 있게 고민하는 계기가 되었으면 한다.

2. 긍정적·중립적·부정적 감정노동에 속하는 직업군

감정노동의 하위개념인 긍정적 감정노동, 중립적 감정노동, 부정적 감정노동에 관한 정의 및 해당하는 직업군을 살펴보면 다음과 같다.

긍정적 감정노동은 소비자에게 무조건 웃음을 표현하고 친절하고 긍정적인 감정을 표현하는 서비스를 제공하는 직업으로 정의되며, 항공사 승무원, 고객센터 상담사, 레스토랑 직원, 놀이동산 직원, 미용사 등 일반적으로 서비스업 직업군이 이에 해당한다. 이러한 긍정적 감정노동에 해당하는 직업군에서는 '긍정적인 웃음을 보여야 한다는 생각에 사로잡혀 겉으로는 웃는 얼굴을 보이지만 실제적인 마음은 우울하거나 식욕부진, 성욕저하 등의 증상을 보이며 심한 경우 자살에 이르는 증세'인 스마일 마스크 증후군_smile mask syndrome을 일으킬 수 있다.

중립적 감정노동은 정서적으로 중립을 유지하며 객관적이면서 공정한 정보를 전달하는 업무에서 요구된다. 누구나 주관을 갖기 마련인데, 자신의 주관적인 감정과 의사를 억제하고 객관적이면서 공정해야 한다는 것은 심각한 스트레스를 유발한다. 또한, 이성적인 판단에 따른 업무를 지속하다 보면 자신의 감정을 무시하는 것이 학습되어 실제 자신의 감정을 인지하기 어려운 무감각

상태로 발전하게 된다. 이 때문에 중립적 감정노동에 노출된 직업 군에 속한다면 별도로 정신건강 관리를 위해 노력해야 한다. 중립적 감정노동이 요구되는 직업군으로는 장의사, 판사, 운동경기 심판, 의사, 카지노 딜러 등이 있다.

부정적 감정노동은 격앙된 정서인 공포, 공격성, 위협, 경멸 등 부정적인 정서를 표현하는 직업에서 발생하는 감정노동을 의미한다. 이에 해당하는 직업군은 경찰, 형사, 조사관, 교도소 관리자, 불만고객 담당자, 채권추심 관리자 등이 있다. 부정적 감정노동은 자신은 화가 나 있는 상태가 아니지만 상대를 위협하기 위해 '분노'의 감정을 표출하는 것으로, 이때 자신의 진짜 감정은 화가 난 것이 아니라 할지라도 우리의 뇌는 자신이 화가 난 것으로 인식한다. 이러한 정서상태는 스트레스 호르몬이라고 불리는 코르티솔 호르몬의 분비, 근육경직, 혈압상승과 같은 다양한 부정적인 영향을 미친다. 이런 이유로 부정적 감정노동이 발생하는 직업은 다른 감정노동의 직업보다 더 높은 감정노동을 유발할 수 있다.

이처럼 현대사회에서 직업적으로 요구되는 감정의 역할과 사회적인 기능에 따라 감정노동 직업군을 재정의할 필요가 있다. Brotheridge and Grandey_2002는 감정노동 직업군을 거의 모든 직장인에게 확대할 필요가 있다고 주장했다. 이후 다양한 직업군에서 감정노동에 관한 연구가 진행되기 시작했다. 그러나 국내에서 감정노동에 관한 대부분의 연구는 긍정적 감정노동이 발생하는 서비스업에 초점이 맞춰져 있다. 이 책을 쓰면서 참고한 많은 연구에서 긍정적 감정노동 직업군의 연구는 쉽게 찾아볼 수 있었지만, 중립적 감정노동과 부정적 감정노동이 적용되는 직업군의 연구는 찾아보기 힘들었다. 또한, 대부분의 연구에서 '감정노동'이라는 용어를 사용했을 뿐, '긍정·중립·부정'의 용어를 사용해 감정노동을 세분화한 연구는 소수였다.

이에 따라 본 연구에서는 감정노동에 관한 연구와 함께 '감정노동'의 용어를 사용하지 않았더라도 직업에서 요구하는 감정표현규칙이 적용됨으로 인한 종사자의 감정적인 소모가 발생하고 이러한 스트레스로 감정조절이나 감정완화가 필요하다는 의견이 있는 직업은 함께 문헌연구를 진행하였다. 연구를 진행한 직업은 임의로 선정한 것이 아닌 Ashforth & Humphrey의 연구에서 각 감정표현규칙에 따라 예로 든 직업군을 통해 선정되었으며, 특히 감정노동에 관한 연구가 다수 진행된 직업군도 추가 진행했다.

E M O T I O N A L

L A B O R

PART 2

감정노동의
특성

CASE
#04

감정노동은
어떤 특성이 있을까?

★ ★ ★ ★ ★ ★ ★

1. 감정노동의 직업별 자유도

Ashforth & Humphrey는 긍정적 · 중립적 · 부정적 감정노동에서 중요한 한 가지 사항으로, 직업 또는 조직의 힘과 지위가 높을수록 조직에서 표현이 요구되는 감정노동을 변경하는 자유도가 커지는 경향이 있다고 하며 그 예로 의사를 꼽았다. 자유도란, 개인이 스스로 의지를 표현하고 그에 따라 행위를 하는 정도를 의미한다. 직업별로 조직이 종사원에게 기대하는 감정노동이 있지만, 어느 정도 벗어날 것인지 개인이 판단할 수 있는 결정권이 높은 경우에 감정노동에 관한 자유도가 높다고 표현한다.

'무뚝뚝한 의사'와 '친절한 의사' 사이에서 어떤 의사가 될 것인가는 의사 자신이 선택할 수 있다. '무뚝뚝한 의사'는 환자에게 인기가 없지만, 인기 있는 의사가 될 것인가에 관해 자신이 스스로 선택할 수 있다. '무뚝뚝한 의사'에게 무뚝뚝하기 때문에 의사를 그만둬야 한다고 말하는 환자는 드물다. 반면에 고객센터 상담사를 떠올려 보자. '불친절한 상담사'와 '친절한 상담사' 중 '불친절한 상담사'에게 불친절하니 그만두라는 고객은 종종 볼 수 있다. 즉, 해당 직업을 유지하는 데 있어 조직이 요구하는 감정노동이 얼마나 영향을 미치는가에 감정노동의 자유도가 높은지 낮은지를 판단할 수 있게 된다. 그런 의미에서 의사는 감정노동_**감정표현규칙**에 관해 상담사보다 자유도가 높은 직업이라고 할 수 있다.

이것은 중립적 감정노동에서 나오는 직업군인 정신병원 조직의 연구 결과에서도 알 수 있다_P.148 참조. 같은 연구에서 의사와 간호사 중 간호사의 감정노동이 더 높은 것으로 나타났는데, 여기에 영향을 미친 변수로 직무자율성을 꼽았다. 직무자율성에는 의사결정 자율성, 업무방식 자율성, 업무계획 자율성이 포함되어 조직이 경직될수록 감정노동이 높아짐을 보여주고 있다.

이렇듯 사회학에서 언급하는 사회계층에서 상위에 속하는 전문직일수록 감정노동의 직업별 자유도가 높은 경향이 있으며, 하위계층일수록 감정노동의 직업별 자유도가 낮은 경향을 띤다. 이것이 현재 감정노동자가 사회학적 측면에서 하위계층에 속한다고 대중이 인식하게 된 이유 중 하나이다.

2. 감정표현의 문화적 차이

서양 문화는 자신의 감정을 솔직하게 표현하는 것을 바람직하게 여기지만, 동양 문화는 감정을 부정적이면서 위험한 것이라 여기는 유교 사상이 지배적이다_Yi, 1993. 특히 다양한 감정 중 부정적인 감정표현을 억제하려는 특성이 있다_최상진, 1997. 이것은 한국 문화가 부정적인 감정을 느끼더라도 좋은 감정이 아니라는 고정관념으로 자신의 내면에서 억제하는 성향이 있다는 것을 의미한다. 중립적 감정노동은 중립을 유지하기 위해 상냥함이 아닌 차가운 어투를 사용하게 되며, 낮은 저음이나 단호함으로 표현한다. 또한, 부정적 감정노동은 공포·위협·경멸을 표현하기 위해 언성을 높이거나 화내는 것에 준하는 감정표현을 하기도 한다. 즉, 우리 문화는 중립적 감정노동과 부정적 감정노동은 바람직하지 않다고 느낄 수 있는 여지가 높다는 것을 의미한다.

이것은 뒤에 나오는 고객센터 상담사의 연구에서 불만고객과 상담 시 중립적 감정노동은 감정소진에 정(+)의 영향을 미치고, 직무만족에는 부(-)의 영향을 미친 결과와 연결할 수 있다. 불만고객 응대라는 특수한 상황 때문에 긍정적 감정노동이 아닌 중립적 감정노동을 표현하지만, 실제 자신의 마음은 불편하며, 이것이 직무의 전반적인 만족감을 떨어뜨리는 결과를 준다는 의미이다. 또한, 해당 연구에서 부정적 감정노동은 감정소진에 유의미하

표 5 부정적 감정노동 설문 문항

Ⅲ. 다음은 귀하가 고객을 대할 때 어떠한 감정노동이 적용되는지를 측정하는 문항입니다. 불만고객을 대할 때 다음의 행동을 얼마나 보이는지 표시해주시기 바랍니다(부정적 감정노동_공격성, 위협, 경멸).

번호	부정적 감정 방법	전혀 그렇지 않다	별로 그렇지 않다	보통 이다	약간 그렇다	매우 그렇다
1	불만고객이 불량행동에 관해 부정적인 느낌을 갖게 해서 멈추게 하는 것 또한 나의 업무 중 하나이다.	①	②	③	④	⑤
2	불만고객의 불량행동을 멈추기 위해 때로는 부정적 감정(단호함, 언성 높임 등)을 표현해야 한다.	①	②	③	④	⑤
3	나의 감정과는 일치하지 않지만 불만고객의 불량행동을 멈추기 위해 때로는 부정적인 감정을 표현한다.	①	②	③	④	⑤
4	불만고객의 폭언(욕설 등)과 폭행의 사태가 발생하면 부정적인 감정(단호함, 언성 높임 등)을 표현하기도 한다.	①	②	③	④	⑤
5	불만고객의 불량행동을 멈추기 위해 필요하다면 나는 부정적인 감정(단호함, 언성 높임 등)을 표현하기 위해서 스스로 노력한다.	①	②	③	④	⑤

출처_윤서영, 2020

지 않은 것으로 나타났다. 이는 통계적으로 결론을 내리기에 충분치 않다는 것을 의미하지만, 그럼에도 불구하고 부정적 감정노동에 관한 응답은 무시할 수 있는 수준은 아니었다.

이에 관한 참고자료로 윤서영_2020의 연구 중 부정적 감정노동_(=부정적 감정표현규칙)의 설문 문항과 설문 결과를 그래프로 보여주고자 한다. <표5>는 부정적 감정노동의 설문 문항이다. 단어가 낯설지 않도록 부정적 감정노동이 공격성, 위협, 경멸을 의미하고 예를 들어 단호함, 언성 높임의 의미를 뜻한다고 기재해서 상담사의 이해를 높이고자 했다.

<그림2>는 이 설문 항목에 고객센터 상담사 233명이 답변한 결과를 그래프로 그린 것으로, 응답 결과는 다음과 같다. 1번 문항인 '불만고객의 불만행동을 멈추게 하는 것도 나의 업무라고 생각한다'에 91명_39%이 '그렇다', 62명_26.6%이 '매우 그렇다'라고 답변했다. 2번 문항인 '불만고객의 불량행동을 멈추기 위해 때로는 부정적 감정_단호함, 언성 높임 등을 표현해야 한다'에 71명_30.4%이 '그렇다', 33명_14.1%이 '매우 그렇다'라고 답변했다. 3번 문항인 '나의 감정과 일치하지 않지만 불만고객의 불량행동을 멈추기 위해 때로는 부정적인 감정_단호함, 언성 높임 등을 표현한다'에 54명_23.2%이 '그렇다', 31명_13.3%이 '매우 그렇다'로 답했다. 4번 문항인 '불만고객의 폭언_욕설 등과 폭행의 사태가 발생하면 부정적인 감정_단호함, 언성 높임 등을 표현하기도 한다'에 75명_32.2%이 '그렇다', 47

명_20.1%이 '매우 그렇다'라고 답했다. 5번 문항인 '불만고객의 불량행동을 멈추기 위해 필요하다면 나는 부정적인 감정_단호함, 언성 높임 등을 표현하기 위해서 스스로 노력하기도 한다'에 67명_28.7%이 '그렇다', 37명_15.8%이 '매우 그렇다'로 답했다.

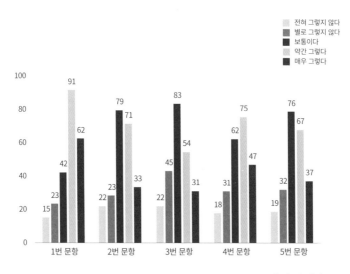

그림 2 부정적 감정표현규칙 설문항목 결과

출처_윤서영, 2020

이 중 특히 1번 설문 문항인 '불만고객의 불만행동을 멈추게 하는 것도 나의 업무라고 생각한다'에 과반수가 '그렇다'와 '매우 그렇다'를 선택함으로써 불만고객으로부터 발생하는 부정적 감정노동에 관해 상담사들이 지각하고 있음을 보여주고 있다. 비록 고객센터 상담사를 대상으로 진행한 연구에서 부정적 감정노동은 유의미한 결과를 얻지 못했지만_윤서영, 2019, 사회복지 종사자를 대상으로 진행한 연구에서 부정적 감정노동은 감정부조화를 더 많이 경험하게 한다는 유의미한 결과를 얻을 수 있었다_문영주, 2013. 이는 추후 부정적 감정노동에 관한 연구를 시행할 때 감정표현의 문화적 차이와 함께 직업의 감정노동에 관한 자유도를 함께 고려해야 함을 시사한다.

3. 감정노동은 다차원적 개념이다

Ashforth & Humphrey의 감정노동에 관한 연구는 단일차원이 아닌 다차원적인 개념이었다. 만약 감정노동이 단일차원이라면 긍정적·중립적·부정적 감정노동에 관한 연구결과는 모두 같을 것이다. 그러나 많은 연구에서 같은 직업군 내의 긍정적·중립적·부정적 감정노동은 다른 연구결과를 보였다.

문영주_2013의 사회복지 종사자의 감정노동에 관한 연구에서 긍정적 감정표출_(=긍정적 감정노동)은 감정부조화에 영향을 미치지 않는 것으로 나타났으나, 부정적 감정표출_(=부정적 감정노동)은 감정 부조화에 정(+)의 영향을 미치는 것으로 나타났다. 윤서영_2020의 고객센터 상담사를 대상으로 진행한 감정표현규칙에 관한 연구에서는 불만고객과 통화할 때 지각된 긍정적 감정표현규칙_(=긍정적 감정노동)은 감정소진에 부(-)의 영향을 미쳤으며, 지각된 중립적 감정표현규칙_(=중립적 감정노동)은 감정소진에 정(+)의 영향을 미쳤고, 지각된 부정적 감정표현규칙_(=부정적 감정노동)은 감정소진에 영향을 미치지 않는 것으로 나타났다. 이것은 감정노동이 다차원적 개념을 가지고 있다는 것을 명확하게 보여준다.

주목할 만한 것은 사회복지 종사자의 연구에서 부정적 감정표출_(=부정적 감정노동)은 유의미한 결과를 얻었지만_문영주, 2013, 고객센터 상담사의 연구에서 지각된 부정적 감정표현규칙_(=부정적 감정노동)은 유의미한 결과를 얻지 못했다는 것이다_윤서영, 2020. 두 연구만으로 결론을 내리는 것은 무리가 있으나, 친절과 미소만을 교육받는 고객센터 상담사가 불만고객에게 부정적 감정표현을 했다 하더라도 그것을 관리자에게 제출하는 설문지에 적을 수 있었는가에 관해 보완연구가 필요하다 하겠다_해당 연구는 종이 설문지와 구글 설문지를 병행함. 또 다른 한 가지는 고객센터 상담사는 사회복지 종사자에 비해 감정노동에 관한 직업적 자유도가 낮다는 것을 의미할 수도 있겠다.

한 직업군을 대표하는 감정노동은 정해질 수 있으나, 그 안에는 다양한 상황에서 다양한 감정노동을 표현해야 하는 업무에 노출될 수 있다. 앞으로 이러한 측면을 고려해 직업별로 연구가 진행된다면 해당 직업군을 이해하는 데 많은 도움이 될 것이며, 산업재해로 인정받을 수 있는 다양한 도구가 마련될 수 있을 것이다.

4. 취약성-스트레스 모델

같은 환경의 같은 직업군에서 어떤 사람은 내적인 스트레스는 있을지언정 외관상으로 평안함을 유지하지만 어떤 사람은 정신장애가 발병되기도 한다. 과연, 이 두 사람의 차이는 무엇일까? 이는 감정노동을 평가하기 위해 직업이 주는 환경적 스트레스도 평가해야 하지만 개인의 취약성도 함께 고려되어야 함을 의미한다.

취약성-스트레스 모델_Vulnerability-Stress Model은 이상행동의 유발과정을 이해하기 위해 환경으로부터 주어지는 심리사회적 스트레스와 그에 대응하는 개인적 특성을 동시에 고려해야 한다는 것을 의미한다. 이러한 개인의 취약성은 정신장애에 관한 유전적 요인, 성격특성, 대처방식이 포함되어 개인의 신체적·심리적 특성을 모두 반영한다.

감정노동자 보호법에서 취약성-스트레스 모델을 고려하는 것은 산업재해의 인정 유무를 판단하기 위한 기준이 아닌 종사자를 감정노동으로부터 보호하기 위해 심리적으로 취약한 계층을 어떻게 도와야 할 것인가에 초점이 맞추어져야 할 것이다. 심리적으로 취약한 계층은 사전에 선별해 심리상담사를 통한 심리치료, 충분한 휴식시간, 상대적으로 스트레스가 덜한 업무배치 등이 선행되어야 한다.

그림 3 취약성-스트레스 모델

개인의 취약성	환경적 스트레스	정신장애의 발생
· 유전적 요인 (정신장애 가족력) · 성격특성 · 대처방식	· 환경의 변화 · 인간관계로 인한 부담 · 과중한 업무	감정노동으로 인한 정신장애의 발현

개인의 취약성 + 환경적 스트레스 정신장애의 발생

5. 업무에 의한 심리적 부하 평가방법

항공사 승무원은 대면 업무이고 고객센터 상담사는 비대면 업무인데 항공사 승무원과 고객센터 상담사의 감정노동 수준이 비슷한 이유는 무엇일까? 앞서 살펴본 **표4** 에서 항공사 승무원의 감정노동은 4.70이었고, 고객센터 상담사는 4.38로 0.32의 차이를 보이고 있다. 왜 그럴까?

첫째 이유는 사람은 비대면일 때 자신이 표현할 수 있는 최악의 표현을 더 잘하는 경향이 있다. 필자의 경험담이지만, 불만고객 팀장일 때 전화상으로 욕하던 고객이 막상 만나면 정중한 말투로 말하는 경우가 많았다. 물론 대면해서 더 심한 고객도 있다. 그러나 드물다는 것은 확률적으로 만날 일이 더 적다는 것을 의미한다.

둘째 이유는 약한 강도의 감정노동이라도 횟수가 잦으면 그것이 '중'이나 '강'의 의미가 있다는 것이다. 고용노동부에서 발표한 《감정노동으로 인한 업무상 질병 인정범위 및 기준에 관한 연구》를 살펴보면, 일본의 경우 법률에 감정노동의 '강', '중', '하' 기준항목을 기재하고 있다.

표6 에서 업무에 의한 심리적 부하 평가방법으로 구체적인 기준을 제시한다. 이렇게 '강', '중', '하'의 기준은 기업에서 사원에게 업무를 배분할 때 적용할 수 있는 통상적인 기준이 된다. 여기

에서 '중'의 업무라 하더라도 그 횟수가 여러 번 반복되고 장기간에 걸쳐 업무의 심리적 부하를 일으킬 만하다고 인정된다면 '강'으로 상향시킨다. 마찬가지로 '하'의 업무라 하더라도 횟수가 여러 번 반복되고 장기간에 걸쳐 업무의 심리적 부하를 일으킬 만하다고 인정될 경우 '중'으로 상향시킬 수 있다.

표 6 업무 및 업무 외 심리적 부하 평가방법의 개요

1. 업무에 의한 심리적 부하의 평가

(1) '특별한 사건'에 해당하는 사건이 발생하였던 경우
발병 전 대략 6개월 동안에, 별표1의 '특별한 사건'에 해당하는 업무에 의한 사건이 발생하였다고 인정되는 경우에는 심리적 부하의 종합평가를 '강'으로 판단.

(2) '특별한 사건'에 해당하는 사건이 발생하지 않았던 경우
'특별한 사건'에 해당하는 사건이 없었던 경우에는, 아래의 순서대로 심리적 부하의 종합평가표에 따라 '강', '중', '약'으로 판단한다.
① 발병 전 6개월 동안에 인정되는 업무에 의한 사건이, 별표 1의 '구체적 사건' 중 어느 것에 해당하는지를 판단.
② 해당하는 '구체적 사건'별로 명시되어 있는 구체적 예의 내용과 일치되는 경우에는 그 강도대로 평가
③ 사실관계가 구체적 예와 합치하지 않는 경우에는 '구체적 사건'별로 표시되어 있는 '심리적 부하 종합평가의 고려사항' 및 '종합평가에 대한 공통사항'을 바탕으로 구체적인 예도 참고하면서 평가

2. 업무 이외의 심리적 부하의 평가

출처_감정노동으로 인한 업무상 질병 인정범위 및 기준에 관한 연구, 2015

국내의 감정노동자 보호법에도 일본과 마찬가지로 어떤 업무 강도가 감정노동의 '강', '중', '하'에 속하고 어느 정도의 횟수가 반복되었을 때 각각에 속하는 강도를 높일 것인지에 관한 세밀한 규정이 필요하다. 이러한 기준이 필요한 이유는 산업현장에서 업무로 인한 정신장애에 관해 산업재해로 인정되는 범위를 알아야 하기 때문만은 아니다. 각 회사에서 직원의 정신건강을 유지할 수 있는 업무강도의 허용범위를 인지할 수 있도록 기준을 제시하기 위함이다. 이러한 규정은 각 회사에 지침을 마련하며, 그에 따른 직원의 업무에 관한 심리적 부하를 줄이는 방안을 모색하게 한다. 이는 최근 감정노동자 보호법을 만든 우리나라에 향후 꼭 필요한 부분이라 하겠다.

표7은 **표6**에서 표현한 특별한 사건의 예시로 '고객이나 거래처로부터 무리한 주문을 받음'에 해당하는 항목을 상세히 기록했다. '강'에 해당하는 항목은 '통상이라면 거절하는 것이 분명한 주문'이라는 말로 시작한다. 평소와 같다면 행하지 않았을 법한 업무에 관해 특수한 상황에서 어쩔 수 없이 한 경우가 인정된다면 '강'에 속한다.

이러한 예시를 기재한 목적은 현재 법률로 제시되지 않은 상세한 기준에 관해 선진국의 사례를 공유함으로써 각 기업에서의 감정노동자 보호법에 관한 접근 방향을 제시하고자 함이다. 종합평가 고려사항에 있는 '고객·거래처의 중요성, 요구되는 내용 등 사

표 7 일본의 정신병 인정기준 중 감정노동 관련 항목

구체적 사건	고객이나 거래처로부터 무리한 주문을 받음	고객이나 거래처로부터 불만사항을 들음
평균적 부하	중	중
종합 평가 고려 사항	고객·거래처의 중요성, 요구되는 내용 등 사후대응의 곤란성 등	고객이나 거래처의 중요성, 회사에 미치는 손해의 내용, 정도 등 사후대응의 곤란성 등 (注) 이 항목은 본인의 과실은 없는 불만사항인 경우에 평가한다. 본인의 실수에 의한 경우는 항목4로 평가한다.
심리적 부하 판단 예		
강	통상이라면 거절하는 것이 분명한 주문(실적에 현저한 악화가 예상되는 주문, 위법행위를 내포하는 주문 등)이지만, 중요한 고객이나 거래처이기 때문에 이를 주문받아 타 부문이나 다른 거래처와 곤란한 조정을 하게 된 경우	고객이나 거래처로부터 중대한 불만사항(거액의 거래를 하는 고객의 상실을 초래하는 것, 회사의 신용에 현저한 영향을 미치는 것 등)을 지적받아, 이에 대한 해결을 위하여 타 부문이나 다른 거래처와의 곤란한 조정을 하게 된 경우
중	○고객이나 거래처로부터 무리한 주문을 받음 【[중]에 해당하는 예】 업무와 관련하여, 고객이나 거래처로부터 무리한 주문(큰 폭의 단가인하나 납기일의 앞당김, 반복되는 설계변화 등)을 받아, 어떤 형태로든 사후대응을 시행함.	○고객이나 거래처로부터 불만사항을 들음 【[중]에 해당하는 예】 업무와 관련하여, 고객 등으로부터 불만사항(납품물건의 부적합에 대한 지적 등 그 내용이 타당한 것)을 들은 경우
약	○동종의 경험이 있는 근로자라면 달성 가능한 주문을 받아, 업무내용·업무량에 어느 정도의 변화가 있었던 경우 ○요망되는 업무는 있었으나, 달성을 강하게 요구받은 것은 아니고 업무내용이나 업무량의 큰 변화는 없었던 경우	○고객으로부터 불만사항을 접수하였으나, 특별히 대응이 요구되는 것은 아니며 거래관계나 업무내용, 업무량에 큰 변화도 없었던 경우

출처_감정노동으로 인한 업무상 질병 인정범위 및 기준에 관한 연구, 2015

후대응의 곤란성'에 포함되는 항목을 조절하면 각 기업에 맞는 상세한 기준을 마련할 수 있다.

감정노동에 노출되는 시간과 횟수가 증가하면 감정노동의 강도를 한 단계 올려야 한다는 주장은 연구결과로도 확인되었다. 안경사에 관한 연구에서 주간 근무일수가 5일 이하인 안경사는 감정노동을 측정한 결과 평균평점이 2.99±0.54인 반면, 5일을 초과하는 안경사의 감정노동 평균평점은 3.31±0.53으로 통계적으로 유의한 차이_p=0.032가 나타났다_김기성 외, 2017. 또한, 같은 연구에서 1일 근무시간이 10시간 이하인 안경사의 감정노동은 2.94±0.42인 반면, 10시간을 초과하는 안경사의 감정노동 평균평점은 3.34±0.55점으로 통계적으로 유의미한 차이_p=0.005를 보였다.

이것은 불만고객 응대로 폭언이나 폭행과 같은 심리적 과부하를 경험할 수 있는 사건이 발생한 직후 종사원에게 충분한 휴식시간을 제공해야 하는 이유이기도 하다. 쉬지 않고 계속해서 근무하는 것은 심리적 과부하를 증가시키고 더 높은 감정노동을 유발한다. 이런 이유로 높은 감정노동 상황에 노출된 이후에는 충분한 휴식과 심리상담 등 심리적 안정을 유지할 수 있는 다양한 대책을 기업이 종사원에게 제공해야 한다.

6. 감정노동 프로세스 모델

이쯤에서 궁금한 점이 생긴다. '나'는 같은 사람이다. 같은 사람이 어느 날은 좀 더 기분이 좋고, 어느 날은 기분이 더 안 좋은 날이 있다. 이것이 당일의 감정노동 발생수준에 영향을 미칠까? 또, 같은 성향의 고객이 어떤 종사자에게는 괜찮은데, 어떤 종사자에게는 괜찮지 않을 수 있다.

그렇다면, 감정노동이 발생하는 것에 영향을 미치는 요인에는 어떤 것이 있을까? 개인특성, 환경요인 등 다양한 변수를 적용한 감정노동을 측정한 연구가 발표되기 시작했다. 다양한 프로세스 모델이 나오면서 해당 직업의 직무특성과 환경요인도 개인특성과 함께 감정노동에 영향을 미친다는 것이 확인되었다. 이번에는 다양한 감정노동 프로세스 모델을 소개하겠다.

먼저, Grandey의 감정조절과정모델 프로세스를 소개한다. 조직이 종사원에게 요구하는 감정표현규칙에 의해 감정노동이 발생할 때 다양한 요인에 영향을 받는다. Grandey의 감정조절과정모델 프로세스는 그 다양한 요인이 무엇인지 보여주고 있다.

먼저, '상호작용기대'의 하위개념을 보면 빈도, 기간, 다양성, 표현규범이 있다. 표현규범이 감정노동_(=감정표현규칙)에 해당된다. 빈도나 기간에 따라 어느 정도 반복되는지 여부가 감정노동에 영향을 미친다.

'감정사건'의 하위개념은 긍정적 사건, 부정적 사건이다. 앞에서 종사자의 기분상태는 이러한 감정사건에 영향을 줄 수 있다. 나쁜 기분상태에서는 감정노동의 수준도 상승하기 때문이다.

'개인 요인'의 하위개념은 성별, 감정표현력, 정서지능, 정서성으로 나뉘며, 이는 개인의 심리적인 특성으로 볼 수 있다. '외부 요인'은 직무자율성, 상사지지, 동료지지로 조직문화와도 연결되어 있는 개념이다. '조직적 안녕'의 하위개념은 성과, 철회행동이다. 마지막으로 '개인적 안녕'의 하위개념은 소진과 직무만족이 있다.

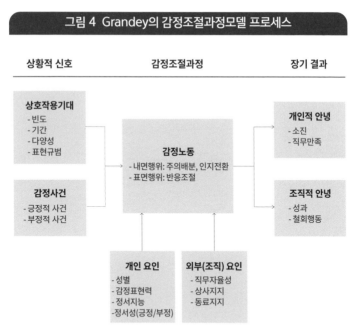

그림 4 Grandey의 감정조절과정모델 프로세스

출처_Grandey(2000), 유종연(2019)

프로세스의 맨 윗줄에 표기된 것은 상황적 신호가 감정조절과정에 영향을 미치며 장기 결과로 나타나는 것을 의미한다. 모든 개인적, 조직적 상황이나 원인이 감정노동을 유발하는 정도에 영향을 미치며 이것이 개인적 안녕과 조직적 안녕의 결과로 이어진다는 것이다.

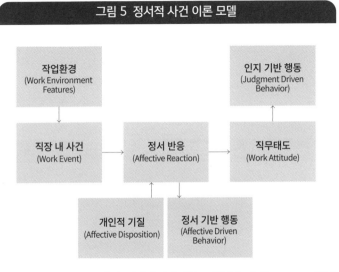

그림 5 정서적 사건 이론 모델

출처_정서적 사건 이론 모델(Weiss & Cropanzano, 1996)

다음 소개할 감정노동 프로세스 모델은 Weiss and Cropanzano _1996에 의해 처음 제시된 정서적 사건 이론 모델_Affective Events Theory:AET로, 직장에서 일어나는 다양한 사건이 직무환경을 비롯해 근로자들의 행동반응 및 태도에 영향을 미칠 수 있다는 메커니즘을 제안했다_Weiss and Cropanzano, 1996. 이러한 메커니즘은 직장 내에서 사원의 정서적 사건에 영향을 미치는 작업환경 특성에 대한 맥락적 효과를 보여주고 있다.

다음에 소개할 프로세스 모델은 Strauss and Corbin_1996의 근거이론의 패러다임 틀이다. 이 연구분석 틀을 적용해 감정노동 연구가 진행되었다_공혜원, 김효선, 2014. **그림 6** 연구분석 틀_공혜원, 김효선, 2014은 일련의 정서적 사건이 어떻게 사원의 감정적 반응 및 태도에 영향을 미치는지와 과정의 조절적 역할을 하는 요인은 무엇인지에 대해 화살표로 방향을 나타내고 있다.

그림 6 연구분석 틀

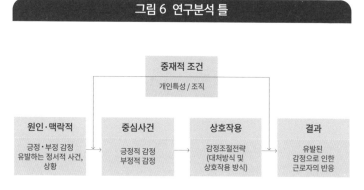

출처_근거이론의 패러다임 틀(Strauss and Corbin, 1996)

공혜원, 김효선_2014의 연구에서 근거이론의 패러다임 틀을 기반으로 감정노동 프로세스를 도식화했다. 감정노동을 조직적 접근 측면과 개인 차원의 중재적 조건으로 나누고 원인적 조건, 맥락적 조건, 중심현상, 상호작용, 결과로 이어지도록 했다. 결과 또한 긍정적 결과와 부정적 결과로 나누어 감정노동이 긍정적 결과로 이어지는 가능성을 열어두었다. 해당 연구의 감정노동 프로세스는 그림 7 과 같다.

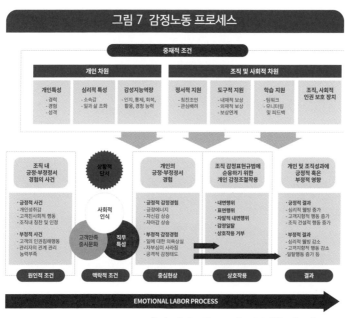

출처_감정노동 프로세스(공혜원, 김효선, 2014)

이러한 감정노동 프로세스 모델은 기존의 감정노동에 관한 연구를 사회·문화적인 측면, 개인의 심리적인 특성, 조직문화의 특성을 종합해서 연구할 수 있는 계기를 열어주었다. 즉, 감정노동에 관한 사회학, 심리학, 경영학을 종합할 수 있는 모델이다.

　앞으로 감정노동 프로세스 모델을 통한 연구가 직업별로 이루어진다면 직업의 특성과 조직문화의 특성이 연구결과에 반영될 수 있으며, 사회학·경영학·심리학을 아우르는 연구결과를 얻게 될 것이다. 이는 직업별로 감정노동의 특성을 알아내기에 매우 좋은 과제로 보여지며, '스트레스-취약성 모델'과 같이 개인의 심리적 특성을 감정노동 결과에 반영할 수 있다.

　다양한 감정노동 프로세스 모델을 이 책에 기재한 이유는, 필자의 경우에는 감정노동에 관해 수많은 논문을 읽은 후에야 만날 수 있었던 내용이기 때문이다. 감정노동을 연구하고자 하는 분들이 다양한 직업군에서 폭넓은 방향의 연구를 진행하도록 도움이 되었으면 한다.

E M O T I O N A L

L A B O R

PART 3

긍정적
감정노동이란?

CASE
#05

긍정적 감정노동이
요구되는 직업군

★ ★ ★ ★ ★ ★ ★

Part 3에서는 긍정적·중립적·부정적 감정표현규칙 중 공감, 친절, 미소와 같은 긍정적 감정표현규칙이 적용되는 직업군의 특성을 알아보고 이해하고자 한다.

고객 주권_Customer Sovereignty 관점이 지배적이던 과거에는 기업으로부터 정중한 대우를 받는 것에 관해 고객이 당연시했다_정기주, 최수정, 2016. 국내의 감정노동에 관한 대부분의 연구는 고객에게 공감과 긍정적인 감정을 표현해야 하는 서비스업에 치중되어 있다. 호텔 종사자, 고객센터 상담사, 안경사, 미용사 등의 연구가 다수를 차지한다. 이러한 이유로 해당 연구에서 '감정노동'에 관한 정의에 사용하는 '조직에서 요구하는 감정표현규칙'은 '긍정적 감정표현규칙'으로 인식되기에 이른다. 또한, 미디어에서 언급하는 감정노동은 긍정적 감정표현규칙이 적용되는 직업군에 속하는 경우가 대부분이었다. 이런 이유로 긍정적 감정표현규칙이 적용되는 직업군의 감정노동이 대중이 인지하고 있는 감정노동에 더 가깝다.

긍정적 감정표현규칙은 긍정적인 감정을 표현해야 하는 감정노동으로, 친절함·섬세함과 같은 보살핌과 배려의 긍정적 정서가 요구되며, 흔히 미소 중심의 감정노동을 구매촉진의 수단으로 활용한다_고인곤·문명주, 2017. 긍정적 감정표현규칙이 적용되는 직업군을 알아보고, 각각의 직업에 관한 감정노동의 연구결과는 어떠한지 살펴보겠다.

1. 항공사 승무원

대표적인 환대산업_hospitality industry인 한국의 항공서비스산업은 2016년도 기준으로 연간 항공 여객수가 1억 명을 넘어서는 등 비약적으로 커지고 있다_아시아경제, 2016. 12. 19. 이것은 항공서비스산업의 종사자들에 관한 연구가 필요하다는 것을 의미한다.

앨리 러셀 혹실드_Alie Russell Hochschild가 처음으로 연구한 직업이 항공사 승무원이다. 항공사 승무원의 정서적 고통은 땅콩회항사건으로 세계적인 이슈가 되기도 했다. 고객보다 내부고객에 관한 정서적 고통이 더 클 수 있음을 시사하는 이 사건은 현재의 법안에서 엄밀히 말하자면 '감정노동자 보호법'보다는 '직장 내 괴롭힘 금지법'에 해당한다고 할 수 있다. 하지만 대중은 감정노동의 대표사건으로 인식하고 있다. 이것이 '감정노동자 보호법'의 법안이 좀 더 세밀하게 보완되어야 하는 이유이기도 하다. 모멸감과 수치심을 느끼면서도 무릎을 꿇고 한없이 빌어야 하는 상황을 겪으면 외상 후 스트레스 장애_Post Traumatic Stress Disorder, 이하 PTSD와 같은 정신장애의 증상이 발현되기도 한다. 땅콩회항사건의 당사자인 박창진 사무장은 다양한 정신장애 증상을 호소하기도 했다.

외상 후 스트레스 장애_PTSD는 실제적이거나 위협적인 죽음, 심각한 부상 또는 성폭력에의 노출과 같은 외상성 사건을 직접적으로 경험한 뒤에 다음과 같은 증상 중 두 가지 이상이 나타나는 경우를 의미한다. 외상성 사건의 중요한 부분을 기억할 수 없는 무능력, 외상성 사건의 원인 또는 결과에 대하여 지속적인 왜곡된 인지, 지속적인 부정적인 감정상태, 현저하게 저하된 흥미, 긍정적 감정을 경험할 수 없는 지속적인 무능력 상태 등의 장애 기간이 1개월 이상 지속되는 경우에 해당된다_DSM-5®, 정신질환의 진단 및 통계 편람 제5판, 학지사.

이 외에도 고용노동부_2015에서 연구한 자료에 의하면, 감정노동이 유발할 수 있는 대표적인 정신장애는 주요우울장애_Major Depressive Disorder, 적응장애_Adjustment Disorder, 공황장애_Panic Disorder, 불안장애_Anxiety Disorder이다.

항공서비스업은 출발지부터 도착지까지 항공기라는 공간적인 제약을 가진 장소 내에서 서비스를 제공해야 하므로 비정상적인 상황 발생이 가능하다_이민정, 김정만, 2013. 이러한 시간·공간적인 제약과 해외 체재를 같이 경험하기 때문에 일반적인 서비스직과는 다른 특성이 있다. 비행기라는 제한적이고 특수한 환경에서 고객에게 장시간 지속적으로 노출되어 있으며, 다국적인 승객의 다양한 요구와 기대를 만족시키기 위해 직접 대면하고 교류해야 한다_신지윤 외, 2015. 특히, 고객의 수면을 도와주며, 주류도 제공하기 때문에 폭언과 폭행 이외에 성추행과 성폭행 사건에도 노출되는 등 항공사 승무원의 감정노동 수준은 심각한 것으로 알려졌다.

고객센터에서 한 콜을 통화하는 평균통화시간_ATT:average talk time은 3~5분 정도이다. 3~5분 정도 통화한 것만으로도 스트레스가 되는 고객과 종일 함께한다고 생각하면 항공사 승무원의 감정노동 수준이 어느 정도인지 가늠할 수 있을 것이다. 문제는 긴 시간 동안 고객이 항공사 승무원에게 기대하는 감정표현규칙이 긍정적 감정이라는 것이다. 이는 식사를 준비하고, 식사를 마치고 난 후의 식기와 음식물 찌꺼기를 정리하고, 잠자리를 준비하는 등 다양한 업무를 진행하면서 계속해서 긍정적 감정을 표현해야 함을 의미한다.

신지윤 외_2015의 연구에서 고객불량행동을 측정하기 위해 사용된 측정항목은 표8 과 같다.

표 8 고객불량행동 측정항목

	측정항목
1	고객이 나에게 투박하게 큰 소리로 항의했다.
2	고객이 자신의 의견을 관철시키기 위해 화를 냈다.
3	고객이 회사의 규칙과 규정을 무시하고 위반했다.
4	고객이 나에게 무례한 태도를 보였다.
5	고객이 나에게 거만한 태도를 나타냈다.

출처_신지윤 외, 2015

해당 연구에서 고객불량행동이 감정노동에 미치는 영향의 표준화 경로계수는 .288이며, t=3.715_p<.05로 나타나 통계적으로 유의한 것으로 확인되었다. 이에 '고객불량행동은 감정노동에 유의한 정(+)의 영향을 미칠 것이다'라는 가설이 채택되었다. 또한, 고객불량행동이 직무스트레스에 미치는 영향에서 표준화 경로계수는 .289이며, t=3.767_p<.05로 나타나 통계적으로 유의미한 것으로 확인되었다. '고객불량행동이 직무스트레스에 유의한 정(+)의 영향을 미칠 것이다'라는 가설이 채택되었다. 마지막으로 감정노동이 직무스트레스에 미치는 영향에서 표준화 경로계수는 .346이었으며, t=4.508_p<.05로 나타나 통계적으로 유의미한 것으로 확인되었다. 따라서 '감정노동은 직무스트레스에 유의한 정(+)의 영향을 미칠 것이다'라는 가설이 채택되었다. 결과적으로 '고객불량행동과 직무스트레스의 관계에서 감정노동은 유의한 매개역할을 할 것이다'라는 가설이 채택되었다_신지윤 외, 2015.

위의 연구에서 보는 바와 같이 많은 항공사 승무원의 연구에서 고객불량행동이 감정노동을 유발한다는 결론에 도달하며, 이는 직무스트레스, 이직, 감정고갈, 감정소진 등 다양한 부정적인 요인을 유발하는 것으로 확인되고 있다.

항공사 승무원에 관한 감정표현규칙에 관한 연구는 찾아볼 수 없었으나, 감정노동 유형을 긍정적 감정노동과 부정적 감정노동으로 분류해 진행한 연구가 있었다. 총 212명을 설문조사한 해당 연구의 결과에서 146명인 68.9%가 긍정적 감정노동을 수행한다고 답변했으며, 66명인 31.1%가 중립적 감정노동을 수행한다고 답변했다_고인곤·문명주, 2017.

해당 연구에서 긍정적 감정노동 집단은 중립적 감정노동 집단보다 표면행동과 내면행동, 직무만족도의 평균값이 통계적으로 유의하게 높았으며_p=0.002, 심신적 고갈의 평균값은 통계적으로 유의하게 낮았다_p=0.064. 비인격화의 평균값은 긍정적 감정노동 집단이 중립적 감정노동 집단보다 낮았으나 차이가 유의미하지는 않았다_p=0.435. 이것은 웃으면서 고객을 대해야 하는 긍정적 감정노동이 정서적으로 중립을 유지하는 중립적 감정노동보다 더 많은 스트레스를 받을 것이라는 기존의 예상과는 다른 결과이다. 또한, 긍정적·중립적·부정적 감정노동은 서로 영향을 주는 것이 아닌 다차원적 개념이라는 것을 뒷받침해 주는 결과이다.

항공사 승무원의 연구에서 주목할 만한 것으로 대형 항공사 승무원과 저가 항공사 승무원의 감정노동을 비교하는 연구도 필요하다는 의견이 있었다. 이는 감정노동에 영향을 주는 사회적 지위가 대형 항공사 승무원과 저가 항공사 승무원이 다를 수 있음을 시사하는 의견이기도 하다. 즉, 같은 승무원이라도 사회적 지위에 따른 고객불량행동의 정도가 다를 수 있음을 내포한다. 이는 사회학자인 혹실드가 사회계층구조에서 하위에 속하는 항공사 승무원으로 연구를 시작한 것과 일맥상통하는 것이기도 하다.

2. 고객센터 상담사

　고객센터 상담사 또한 항공사 승무원과 함께 감정노동으로 자주 언급되는 직업군 중 하나이다. 친절함과 미소가 강조되는 서비스 접점의 고객센터 상담사는 고객의 무리한 요구와 폭언, 욕설, 반말에 상시 노출되고 있다_부산청년유니온, 2015. 이러한 친절함과 미소가 강조되는 긍정적 감정표현규칙은 고객센터에서 사용하는 평가항목 중 하나인 모니터링 평가표에서도 확인할 수 있다.

　표 9의 콜센터 모니터링 평가표에서 볼 수 있듯이, 상담사에게 '언어에 미소가 포함되었는지', '고객에게 더 도와줄 것은 없는지'를 필수적으로 확인하도록 한다. 이 항목을 수행하지 않으면 상담사의 모니터링 평가점수가 낮아지고, 이는 급여에 포함되는 인센티브 평가점수에 포함되며, 인센티브 평가점수는 승진에 영향을 미친다.

　고객의 언어폭력은 상담사의 감정소진과 감정노동을 증가시키고, 이것은 이직의도를 증가시키는 것으로 나타났다_최수정, 정기주, 2016. 해당 연구에서 서비스 조직은 높은 수준의 고객서비스를 제공하기 위해 감정표현규범을 개발하여 종사원이 고객에게 표현해야 하는 느낌과 감정을 통제하고 있다고 언급하고 있다. 콜센터 모니터링 평가표에서도 볼 수 있듯이 긍정적 감정노동을 가능하게 하는 선행요인들이 있는데, 종업원의 긍정적 감정표현력, 우호

표 9 콜센터 모니터링 평가표 예시

분류	평가항목		세부내용	배점	평가
도입부	1. 맞이인사	1. 첫인사	적절한 첫인사 진행(안녕하십니까? 행복을 드리는 상담원 ○○○입니다.)	5	
			미흡한 첫인사 진행(인사말, 상담원명, 맞이인사, 화답표현 중 1개 누락/불명확한 발음)	3	
			첫인사 누락(인사말, 상담원명, 맞이인사, 화답표현 중 2개 누락/불명확한 발음으로 응대)	0	
	소계			5	0.0
상담품질	2. 화법 및 응대태도	2_1. 친절/배려 (미소+속도)	명확한 발음으로 성의있고 밝은 목소리로 친절하게 응대	6	
			느리거나 빠른 어투로 사무적이고 딱딱한 느낌의 응대 / 네?라고 1회 이상 재질문 시 차감	3	
			느리거나 빠른 어투로 사무적이고 딱딱한 느낌의 응대 / 네?라고 2회 이상 재질문 시 차감	0	
		2_2. 상담멘트	경어체 적절하게 사용	6	
			경어체 사용 미흡	3	
			과도한요조체 사용(요조체 3회 이상 사용)	0	
		2_3. 표현력	상담 전반적으로 정중하고 적절한 언어 사용(전문용어, 토막말, 속어, 혼잣말 미발생)	6	
			정중한 응대 진행되나 상담용어 미흡하게 사용(1~2회)	3	
			상담 전반적으로 부적절한 언어, 비정중한 언어 사용(3회 이상)	0	
		2_4. 사과양해 표현/대기 멘트/동감표현	고객 불편사항 발생되는 시점에 양해표현 구사/대기멘트/적절한 동감표현 사용 시	6	
			사과양해, 대기멘트 1회 누락/단조로운 동감표현 사용 시	4	
			사과양해, 대기멘트 2회 누락/묵음 1회 발생	2	
			사과양해, 대기멘트 3회 이상 누락/묵음 2회 이상 발생	0	
		2_5. 경청도	고객문의 내용에 경청	6	
			고객문의 시 건성으로 들어 재문의 발생하는 경우	4	
			고객의 말을 1회 끼어들거나 자르고 응대	2	
			고객의 말을 2회 이상 끼어들거나 자르고 응대/말겹침 시 멈추지 않고 말할 때	0	
	소계			30	0.0
업무능력	3. 정보탐색	3_1. 고객정보확인	정확한 고객정보 확인(고객정보/고객명/상품정보)	7	
			고객정보 확인 미흡(고객정보/고객명/상품정보 중 1가지 누락)	5	
			고객정보 확인 미흡(고객정보/고객명/상품정보 중 2가지 누락)	0	
		3_2. 고객 Needs 파악	문의내용을 정확히 파악/이해하고 응대	5	
			문의내용은 파악되었으나 탐색질문/불필요한 질문/반복질문으로 상담 지연	3	
			문의내용 파악이 되지 않아 반복적인 재질문/다른 내용으로 응대	0	
	4. 업무전달력	4_1. 필수안내 (업무숙지도)	정확한 업무지식으로 문의내용에 대한 안내 및 처리	10	
			업무처리 숙지는 되고 있으나 미흡한 전달 및 처리(필수 안내사항 1가지 누락)	7	
			미흡한 업무전달 및 필수안내사항 2가지 이상 누락	3	
			미흡한 업무전달 및 필수안내사항 3가지 이상 누락	0	
		4_2. 답변의 정확성	정확한 답변, 효율적인 업무처리	10	
			잘못된 답변 후 정정하는 경우/상담원 처리 가능하나 고객에게 미룸(소극적 응대)	5	
			고객 문의에 대해서 임의 안내	0	
		4_3. 설명력	고객 위주의 쉬운 설명으로 내용 이해가 잘됨	5	
			내용 위주의 쉬운 설명이 미흡함	3	
			장황한 설명/일방적 응대	0	
	5. 정확성	5_1. 시스템활용	문의건에 정확한 전산처리와 신속한 전산 활용력/긴급메시지 차수를 정확히 보냈는지	10	
			전산확인 응대 가능하나 고객에게 불필요한 질문/전산확인 미흡	7	
			전산 오처리 후 바로 정정한 경우/전산처리 미흡	3	
			전산처리 누락/쪽지 발송 누락	0	
		5_2. 상담기록 (기타메모/ 상담유형 포함)	고객 문의내용/안내내용 누락 없이 정확하게 기재	10	
			CS화면, 기타메모 내용이 불충분할 경우/CS 문의유형 오선택/필수사항 1개 누락	7	
			CS메모, 기타메모 내용이 불충분할 경우/CS 문의유형 오선택/필수사항 2개 누락	3	
			CS메모, 기타메모 중 1가지 이상 누락/필수사항 3가지 이상 누락	0	
	소계			57	0.0
종결부	6. 종결부	6_1. 문제해결 재확인	고객 문의건이 해결되었는지 확인 질문 진행(다른 문의사항 없으십니까?)	3	
			고객 문의건이 해결되었는지 확인 질문 누락	0	
		6_2. 끝인사	적절한 끝인사 진행	5	
			미흡한 끝인사 진행(인사말, 담당원 중 1가지 누락/불명확한 발음으로 응대)	3	
			끝인사 누락(인사말, 담당원 모두 누락/불명확한 발음으로 응대)	0	
	소계			8	0.0
총 누적합계				100	0.0

출처_진상 고객 갑씨가 등장했다. 윤서영(2019)

적인 서비스 분위기, 감정표현을 강조하는 사회화 프로그램, 보상과 처벌 등이 해당 선행요인으로 밝혀졌다_최수정, 정기주, 2016.

'고객님, 사랑합니다'라고 표현하던 시절을 지나 최근 감정노동 수준은 완화되고 있으나, 아직도 많은 변화가 필요하다. 2018년 10월 18일부터 감정노동자 보호법이 시행되었으나, 아직도 폭언하는 고객과 통화 중에 먼저 종료할 수 있는 권한을 상담사에게 부여하지 않는 콜센터가 있다. 이러한 콜센터는 완화된 방법으로 고객에게 '폭언으로 먼저 종료하겠다'고 선종료를 언급한 뒤에 ARS로 돌리는 권한을 부여하고 있을 뿐이다. 이것은 고객이 ARS를 통해 다른 상담사에게 재인입되면서 감정노동이 더 심각해지는 상황을 낳고 있다.

허경옥_2016의 연구에서 감정노동의 영향력을 상담사의 근무년수를 기준으로 조사한 결과, 신입집단과 경력집단 모두 상담이 많을수록 그리고 소비자의 무리한 요구가 많을수록 감정노동이 높아지는 것으로 나타났다. 또한, 감정노동이 업무 스트레스에 미치는 영향에서도 근무년수에 따른 조절효과가 나타나지 않았다. 즉, 신입 상담사나 경력 상담사 모두 상담 횟수가 많을수록, 고객 불만이 심할수록 감정노동이 높은데, 해당 감정노동은 경력이 도움되지 못한다는 것이다.

또한, 불만고객의 고객언어폭력은 상담사의 감정소진을 증가시키며, 실제 감정을 억누르고 조직이 요구하는 감정표현을 수행하는 표면화 행위_P.32 참조를 증가시키는 것으로 나타났다. 그리고 상담사의 감정소진은 이직하려는 이직의도를 크게 증가시킨다_최수정, 정기주, 2018. 고객센터의 월평균 이직률이 10%가 넘는 것을 고려한다면 해당 연구결과는 당연한 것이 아닌가 생각된다. 이는 감정노동자 보호법에 관해 현장에서의 세부적인 관리항목이 필요함을 보여주는 일례라 하겠다.

고객센터 상담사의 감정노동에 관한 심각성은 상담사의 자살사건이 뉴스에 지속해서 보도되면서 그 인식이 높아지기 시작했다. 2012년 SK텔레콤 고객센터 상담사가 감정노동과 사과 강요, 징계 경고로 인해 우울증이 발생했다고 손해배상을 청구한 사건이 있었다. 1심에서 감정노동에 대한 회사의 보호의무 위반 행위에 대해 70% 과실을 인정한다고 판결이 났으나, 항소심에서는 원심과 달리 사업주가 보호의무를 위반하지 않았다고 최종 판결이 났다_서울남부지법 2012가단 25092.

이와 같이 과거에는 조직이 종사원의 정신건강에 대한 의무가 없다고 보았다고 할 수 있겠다. 2018년 10월 18일 산업안전보건법 개정안이 시행되면서 관련 사건에 대한 고소·고발이 계속되고 있다_한겨레, 2019. 앞으로 이러한 사건의 판결이 어떻게 나오는지에 관해 주목할 필요가 있다.

3. 교사

최근 교사의 스트레스 강도는 잇따른 여러 가지 사건으로 이슈가 되고 있다. 과거에 교사는 청소년을 대상으로 진행한 미래직업 희망 조사에서 항상 상위에 속하는 각광받는 직업이었다. 그러나 과거와 비교해 처벌에 관한 제한, 학생의 인권 존중과 같은 사안이 적용되며 교실 내에서 교사의 힘은 현저하게 줄었다. 특히, 학교폭력과 같은 사건이 일어나면 담임교사의 스트레스는 상당한 수준에 이르게 되는데, 이는 결과가 학생의 미래에 큰 영향을 미치며 학생의 부모와 함께 사건을 해결하는 과정은 상당한 감정노동을 일으키기 때문이다_황이화, 2017. 이러한 이유로 과거에 학교폭력을 해결하는 과정에서 교사가 자살하는 사건이 발생하기도 했다. 이는 학교폭력과 같은 특수상황이 담임교사에게 입히는 정서적 쇼크가 어느 정도인지를 보여주는 사례이다.

일반적으로 감정적 압박인 심리적 소진은 오랜 기간에 걸쳐 사람들과 밀접한 관계를 유지하는 과정에서 계속적이고 반복적으로 받는 감정적 압박의 결과로서, 의료·교육·사회사업과 같이 많은 사람을 직접 대면하는 서비스 관련 종사자에게 주로 나타나는 현상이다_어예리, 2015. 해당 연구에서 해마다 20~30명의 학생을 만나고 1년 이상 관계를 지속하는 초등학교 담임교사에게 이러한 심리적 소진이 발생할 가능성이 더 크다고 언급했다. 소진은 감정노동의 하위개념으로 연구하는 변수이다.

교사의 직무스트레스에 대한 건강실태 조사에 따르면, 치료가 필요한 확실한 우울증의 비율이 전체의 11.5%로 일반인의 우울증 비율보다 약 1.5배에서 2배 정도 높은 것으로 나타났다_Korean Teachers and Education Workers Union 2017. 그중에서도 특히 담임교사의 감정노동 수준은 매우 높아 정신건강 수준이 심각한 것으로 나타났는데, 폭력피해와 같은 외상 경험이 있는 경우는 더 심한 우울과 분노, 신체화 같은 스트레스를 경험하는 경향을 보였다_김희경, 2017. 신체화란, 정신적 필요가 신체 증상으로 표현되는 과정을 의미한다. 정신적으로 받은 스트레스나 감정노동이 실질적인 신체적 이상에 관한 의사 소견이 없음에도 불구하고 어깨결림이나 소화불량, 심하면 신체 일부의 마비 등으로 나타나는 증상을 가리킨다. 이는 심할 경우 정신장애로 발전할 수 있어 주의를 필요로 한다.

다음은 초등학교 교사를 대상으로 심층 면접을 진행한 한 연구에서 교사가 한 말 중 일부를 발췌한 것이다_손준종, 2011.

"양질의 수업을 진행하기를 원하며, 학생과의 긍정적인 관계 유지를 원하고, 업무로부터 자유로워지길 원한다."

이러한 교사의 발언은 학생과의 긍정적 교육 관계가 행복의 조건이라고 언급한 Jackson_1990의 연구와 일치하는 내용이다. 특히 초등학교 교사는 학생들의 교사 의존도가 높으며, 문제 학생에 대한 체벌 불가능함으로 인한 통제의 어려움 등으로 감정노동을 느끼는 것으로 나타났다_손준종, 2011. 다양한 연구에서 학생의 과격하거나 통제가 어려운 언행에 관해 교사가 취할 수 있는 조치가 제한적인 것이 교사의 감정노동의 상당한 원인으로 표현되고 있다. 이것은 교사도 마찬가지로 감정노동자로 인정해 인권을 보호할 수 있는 법안을 마련해야 할 필요성을 시사한다.

교사를 긍정적 감정노동에 해당하는 직업으로 넣은 이유는 대부분 학생에게 긍정적인 감정을 표현하는 상황에 노출되기 때문이다. 문제 학생을 통제하는 상황을 제외하고 대부분의 근무시간 동안 긍정적인 감정을 표현한다.

어예리_2015는 자신의 연구에서 학교에서의 감정표현규칙은 긍정적 감정표현규칙_demands to express positive emotions과 부정적 감정억제규칙_demands to suppress negative emotions을 강조하고 있으며, 이는 교사가 학생·학부모·동료교사·관리자를 대하면서 겪을 수 있는 다양한 감정, 즉 행복·화·체념·불만·스트레스 중에서 긍정적 감정을 강조하고 부정적인 감정은 긍정적인 방법으로 순화하여 표현하기를 요구받는 것이라고 주장했다.

학교의 암묵적인 감정표현규칙의 연구로는 Winograd_2003의 초등교사에게 요구되는 다섯 가지 감정규칙을 들 수 있는데, 구체적인 내용은 다음과 같다.

▶ 초등교사에게 요구되는 감정규칙

01. 교사는 학생에 대해 애정을 갖는다.

02. 교사는 열정과 열의를 가지고 있다는 것을 학생들에게 드러낸다.

03. 교사는 화, 슬픔, 기쁨 등과 같은 극단적인 감정이 표출되는 것을 피한다.

04. 교사는 자신의 일을 좋아한다.

05. 교사는 유머 감각을 갖는다.

Winograd_2003는 이러한 이유로 교사는 주로 웃음, 열의, 사랑과 같은 감정을 표현한다고 언급했다. 또한, Beatty_2000는 교사는 학생을 지도하며 분노와 같은 감정을 억제하고 항상 온화하고 열정적으로 학생을 사랑으로 돌보도록 성공적인 감정통제를 수행할 것을 요구받는다고 했다.

교사는 근무시간의 대부분 긍정적 감정노동을 표현하지만, 중립적·부정적 감정노동을 표현하는 상황에 자주 노출되는 것이 사실이다. 김희진_2016의 연구에서는 다양한 감정노동에 노출된 교사의 감정표현규칙에 관해 긍정적 감정노동_(=긍정적 감정표현규칙), 중립적 감정노동_(=중립적 감정표현규칙), 부정적 감정노동_(=부정적 감정표현규칙)을 상황별로 제시하고 있다. 긍정적 감정노동은 친절하게 설명하며, 밝은 태도로 수업에 임하고, 학생들과 즐겁게 상호작용 하는 것이다. 중립적 감정노동은 개인감정을 숨기고, 위험한 실험 수업 시에는 긍정적 감정을 숨기는 것 등이다. 마지막으로 부정적 감정노동은 수업을 방해하는 학생을 엄하게 지도하고 야단 치는 상황, 그리고 교사의 힘든 마음을 학생에게 표현한 것이다.

표 10 과학교사들의 감정표현규칙	
종류	감정표현규칙
긍정적 감정노동	친절하게 설명하기
	충분히 칭찬하기
	밝은 태도로 수업하기
	학생들과 즐겁게 상호작용하기
	학생들에게 관심 표현하기
	학생을 존중하기
중립적 감정노동	개인적 감정을 숨기기
	실험 수업 시 긍정적인 감정을 숨기기
	학생의 질문에 당황하는 모습 숨기기
	무감정하게 지적하기
부정적 감정노동	수업에 방해되는 학생을 엄하게 지도하기
	바람직하지 않은 행동을 하는 학생을 야단치기
	교사의 힘든 마음을 학생에게 표현하기

출처_김희진(2016)

해당 연구에서는 교사의 감정일지를 통해 질적 연구를 함께 진행했는데, 상세내용은 다음과 같다_김희진, 2016.

▶ 긍정적 감정노동 감정일지_친절하게 설명하기

조별로 돌아다니며 실험 설명을 해주는데 같은 내용을 계속 모르겠다고 하는 학생 때문에 짜증이 났다. 속상하기도 했다. 평소 수업을 듣지 않아 방금 설명한 내용을 반복적으로 설명해줘도 모르겠다고만 하는 학생이지만 포기하지 않고 끝까지 친절하게 답변해줬다. 이유는 과학교사는 핵심개념의 전달과 과학을 포기하지 않게 학생을 도와줘야 한다고 생각하기 때문이다_김희진, 2016.

'친절하게 설명하기'에서 한 교사는 중학교 3학년이라고 하기에는 너무 황당한 질문에도 학생이 부끄럽지 않도록 친절하게 설명해야 한다고 생각해서 끝까지 설명한 사례를 언급했다.

학　생　지구는 못 밟죠?

선생님　밟고 있는데, 지금?

학　생　아니, 지구 표면은 안에 있는 거잖아요.

선생님　그건 대기라고, 대기. 대기를 포함해서 지구라고 하고 있는 거야? 있잖아, 길동아.

　　　　(칠판에 지구를 그리면서) 여기가 지구 표면이고, 우리가 여기 붙

어 있고, 여기에 대기가 이렇게 있기 때문에 안에 산다고

하는 거야?

학 생   진짜 우리가 표면에 붙어 있는 거예요?

선생님   길동아, 여기 대기가 이렇게 많은 거고, 우리는 여기에 붙

어서 살고 있는 거야.

학 생   우와!

출처_김희진(2016) 일부 발췌

해당 연구에서 중립적 감정노동을 표현하는 경우는 부정적인 감정이 생겨 그 감정을 다른 형태의 부정적 감정으로 순화시키는 시도조차 실패해 감정 자체를 숨기는 경우를 들었다. 또 다른 경우는 학생들의 태도가 흐트러질 것을 우려해 긍정적인 감정을 숨기는 경우가 있었다.

▌ 중립적 감정노동 감정일지 _무감정하게 지적하기

자꾸 떠들어서 수업하면서 신경이 쓰이고, 수업이 끊겼다. 내가 수업하면 떠들고, 안 하면 조용히 하는 태도가 얄밉고 속상했다. 그냥 조용히 좀 하라고 소리 지르고 싶었다. 소리 지르거나 화를 내면 안 된다는 생각에 누가 떠들었는지 모르겠지만, 조용히 좀 하라고 말했다. 여학생의 감정은 쉽게 상하고 뒷상황을 생각하면 참는 게 더 편하다고 생각했기 때문이다.

선생님 (판서하며 설명하던 중 뒤돌아보며) 아니, 왜 자꾸 길동이 목소리가 자꾸 들릴까? 옆에 친구도 같이 얘기했어?

학 생 같이 떠들었습니다.

선생님 진짜? 길동아! 너 진짜 요즘 왜 그러니? (다시 수업을 이어감)

출처_김희진(2016) 일부 발췌

학생의 인권 문제로 교사는 폭언·폭행을 학생에게 가해서는 안 된다. 그것은 당연하지만, 어느 정도 순화된 언어로 학생의 불량 행동을 멈추게 하는 것에는 한계가 있다. 교사는 한 학생으로 인해 수업의 흐름이 끊기고 반복되는 설명으로 '화', '분노', '짜증' 등 극도의 부정적 감정이 생겨난다고 했다. 아래는 부정적 감정노동을 표현한 감정일지의 일부이다.

▶ 부정적 감정노동 감정일지_수업에 방해되는 학생을 엄하게 지도하기

시험이 얼마 남지 않아서 10분간 중요 이론을 설명하려고 주의 집중을 시켰는데, 계속 장난치고 포스트잇을 얼굴에 붙이며 "나는 아바타다" 하며 장난하는 모습을 봤다. 중요한 설명이 끊겨 속상하고 화가 났다. 수업에 집중시키기 위해 심한 장난을 친 학생을 야단치고, 엄하게 지도하면서 설명을 들어야 하는 이유를 말해 줬다. 교사로서 시험 전에 핵심개념 전달은 필요하다고 생각하기 때문이다.

출처_김희진(2016) 일부 발췌

부정적 감정노동의 하나인 '바람직하지 않은 행동을 하는 학생을 야단치기'의 한 상황이다.

선생님 (학생들에게 복습 질문하던 중 한 곳을 바라보며) 그 안경 누구 거야?

학 생1 길동이 거요.

선생님 길동이는 보이니?

학 생2 네?

선생님 (칠판을 가리키며) 길동이는 이게 보여?

학 생2 아뇨.

선생님 근데 왜 그걸 줘?

학 생2 그냥 맘대로 가져갔어요. (웃음)

선생님 '야, 빨리 내놔~'라고 해야지. 그냥 가만히 있어?

학 생1 그냥 제가 쓴다니까 알겠대요.

선생님 그니까 눈이 좋은 너는 안경을 써서 눈이 더 안 좋아지고, 눈이 안 좋은 길동이는 이게 안 보이고….

학 생1 저도 안 좋아요.

선생님 아니, 길동이가 너랑 동일인이 아닌 이상 시력이 어떻게 똑같겠니?

학 생1 그렇죠? 제가 더 안 좋아요.

선생님 그럼 안경을 써! 왜 남의 안경을 뺏어? 너도 안 보인다고 해서 남의 걸 쓰면 안 되지. 더 안 좋으면 더 빨리 안경을 맞춰야지.

이렇게 자신의 감정을 숨기며 수업진행하는 상황을 전략으로 전환한 것이 다음 표이다. **표 11** 과 같은 감정노동 전략은 감정노동을 구체적으로 어떻게 변환시키고자 노력했는지를 볼 수 있어 다른 감정노동 직업군에서 참고하기에 좋은 자료이다.

최근 교사의 심리적 부담을 줄이기 위해 학교에 문제 학생을 위한 상담교사를 별도로 배치하는 등 다양한 시도가 이루어지고 있다. 문제 학생을 바라보는 시야가 변화하고 심리적인 접근을 한다는 점에서 긍정적으로 볼 수 있으나, 특수한 상황에서 교사, 특히 담임교사의 인권과 감정노동이 보호되는 법안이 시급하다.

다양한 감정노동을 표현하는 직업은 감정노동이 더 높게 나타난다_(CASE 10 참조). 교사는 학생의 불량행동을 멈추게 하는 부정적 감정노동에 관해 어려움을 겪고 있다. 교사의 제한적인 처벌은 학생에 관한 교사의 강압적인 영향력을 줄이는 역할을 했다. 이는 교사가 지적해도 학생이 불량행동을 계속할 때 적용 가능한 매뉴얼이 필요함을 의미한다. 교사도 '감정노동 보호 매뉴얼'을 작성해 사전에 극한의 상황에 대한 훈련을 진행해 감정노동을 최소화할 방안을 마련해야 할 것이다.

표 11 과학교사들의 감정노동 전략

종류	세부 전략	예시
표면 행위	'부정'적 감정을 숨기고 '긍정' 가면을 쓰기	앞 반 수업에서 학생으로부터 교권 침해를 당한 후 뒷 반 수업을 할 때 평소보다 더 밝게 수업함.
	'부정'적 감정을 숨기고 '무표정' 가면을 쓰기	수업 시작부터 소란스러울 때 학생과 교사 모두 감정이 상하지 않도록 무감정하게 지적하여 집중시킴.
	'슬픔'의 감정을 숨기고 '호랑이' 가면을 쓰기	과학 관련 영상을 보여줄 때 학생들이 잘 보지 않으면 슬프지만, 교육적으로 엄하게 지적함.
내면 행위	'부정'적 감정을 '긍정'적 감정으로 바꾸기	같은 내용을 지속적으로 질문할 때 부정적 감정을 느끼더라도 학생이 과학을 포기하지 않도록 도와야 한다고 생각하며 친절하게 설명함.
	'부정'적 감정을 '중립'적 감정으로 바꾸기	무기력한 모습에 부정적 감정을 느꼈지만 수업 내용을 끝까지 전달하기 위해 감정을 의식적으로 조절함.
	'긍정'적 감정을 '중립'적 감정으로 바꾸기	실험 수업 시 즐거워하는 학생들을 보며 긍정적인 감정을 느끼더라도 학생들이 수업에 집중하도록 감정을 의식적으로 조절함.
	'부정'적 감정을 다른 종류의 '부정'적 감정으로 바꾸기	학생들의 무기력한 모습에 교사도 의욕 없고 슬픈 감정을 느꼈지만 잘못된 태도를 지적하기 위해 감정을 조절함.
	'긍정'적 감정을 다른 종류의 '긍정'적 감정으로 바꾸기	학생들의 황당한 질문에 웃음이 났지만 질문 자체에 대한 기쁨의 감정으로 바꾸기 위해 감정을 조절함.
마음 에서 우러난 감정	마음에서 우러난 '긍정'적 감정을 표현하기	학생들이 과학에 흥미를 느끼는 모습, 교사의 과학 관련 질문에 대답을 잘하는 모습, 과학 수업 활동을 즐거워하는 모습을 볼 때.
	마음에서 우러난 '부정'적 감정을 표현하기	지속적이고 지나치게 수업에 방해되는 행동을 하거나 반응이 없고 무기력한 태도를 보일 때.

출처_김희진(2016)

4. 미용 종사원

미용산업은 단순·반복적인 기술에서 난이도 높은 기술까지 다양한 기술을 능숙하게 사용해야 하므로 기술 습득에 관한 업무적 스트레스는 물론 상사나 동료와의 경쟁, 과한 노동시간, 고객접점 응대로 인한 감정소모 등 고도의 감정노동 환경에 노출되어 있다_김은숙, 2019. 이러한 미용산업은 직무현장에서 아름다움과 미적 요소를 포함한 기술적 서비스와 함께 감성과 문화적 감각까지 파악하여 고객 한 사람을 위한 맞춤형 서비스를 제공하는 멀티플레이어_Multiplayer를 요구받는다_한옥임, 2015. 최근 미디어의 발달로 미용에 관한 가격 및 서비스 등 정보를 쉽게 취득할 수 있고 미용에 대한 기대치가 높아져 소비자를 만족시키는 것은 더욱 어려워지고 있다_전선복, 2014. 이러한 소비자의 변화와 요구는 미용 종사원에게 새로운 지식과 기술을 계속 습득해야 하는 심리적·경제적 부담감을 주며 직무스트레스를 가중시킨다_김은숙, 2019.

국내 이·미용 산업현황은 매출액 연간 6조 681억 원, 업체 수는 약 13만 9천 개, 근로자는 21만 2천 명이며 해마다 증가하는 추세이다_통계청, 2017. 이·미용업의 산업별 구성비는 **표 12** 와 같다.

미용 서비스는 직업 특성상 생산과 소비가 동시에 이루어지는 특성이 있다_이영아, 2017. 이런 이유로 미용 서비스는 서비스의 모든 부분에서 종업원의 역할이 중요하게 인식된다. 각 서비스의 특성에 따라 미용 서비스를 제공하는 업체에서는 고객을 대상으로 한 감정 경험과 표현을 관리대상으로 규정해 표준화된 규범과 규정을 마련하고, 고객응대 지침, 고객서비스 가이드, 친절 교육, CS_Customer Service 교육 등 서비스 관련 교육을 실시하고 있다_장연희, 2015. 미용 종사자의 직업적 특성은 자신이 경험하는 실제 감정과 조직이 요구하는 규범 사이에서 감정부조화가 발생할 수 있고 이것이 극심한 감정소모와 직무스트레스, 감정노동을 경험하게 한다_김상준, 2013.

표 12 이·미용업의 산업별 구성비

산업별	2016		
	사업체수(개)	종사자수(명)	매출액(백만원)
이용업	15,709	18,323	316,295
두발 미용업	95,822	150,408	5,047,693
피부 미용업	16,747	26,178	864,361
기타 미용업	11,388	17,581	453,232
총계	139,666	212,490	6,681,581

출처_통계청, 2017

이영아_2017의 연구에서 미용 종사원의 감정노동은 직무만족에 부(-)의 영향을 미치는 것으로 나타났으며_(t=2.673), 이직의도에 정(+)의 영향을 미치는 것으로 나타났다_(t=4.440). 즉, 감정노동이 높아지면 직무만족이 낮아지고, 감정노동이 높아지면 이직하려는 의도가 높아진다는 것이다.

이처럼 미용 종사자는 고객센터 상담사의 CS_Customer Service에 준하는 서비스에, 항공사 승무원과 같은 대면 업무를 병행하며, 자신의 미용 최종 결과물_Output에 대해 계속해서 고객에게 평가받는다. 고객이 만족하지 못한 경우 다양한 언행으로 표현하며 이에 관한 심각한 감정노동이 발생하는 상황에 노출된다. 새로한 펌이 마음에 들지 않는다며 찡그리고 가는 고객부터 환불을 요구하는 고객까지 천차만별일 것이다. 그런데도 웃으면서 끝까지 고객을 응대해야 하는 미용 종사자는 직업적인 측면에서 긍정적 감정노동을 벗어나기는 힘들다. 이는 고객의 최종 만족도와 재구매 의사가 직결되는 미용산업의 특성 때문이기도 하다.

해당 연구로는 미용 종사자의 감정노동과 직무만족 간의 관계_이재하, 박서연, 2015; 오정훈, 송연숙, 2015, 미용 종사자의 감정노동과 이직의도 간의 관계_박유정 et al. 2013; 김미정, 2014 등 다수의 연구가 진행되었다.

5. 호텔 분야 서비스산업

서비스산업이 발전함에 따라 고객과의 접점에서 직원이 제공하는 서비스 수준이 날로 발전하고 있다. 서비스산업 중에서도 높은 서비스 품질을 제공하는 호텔 분야는 감정노동 관련 연구가 가장 활발히 연구되는 분야이기도 하다_권우석, 김예진, 이규민, 2016; 염진철, 2018; 최혜수, 2015; 김효실, 차석빈, 2014. 또한, 호텔은 인적자원의 의존도가 매우 높은 기업이기 때문에 호텔 종사자의 조직행동이 경영성과나 고객만족에 상당한 영향을 미친다_안대희, 2014. 고객은 서비스 종사원의 말과 행동, 감정표현이 어떠한가에 따라 전반적인 서비스 질을 평가하기도 하며, 지각된 서비스의 질은 고객의 행동에 결정적인 영향을 미친다_Ashforth and Humphrey, 1993; 한진수 외, 2014.

호텔은 해외관광객이 급증하면서 무서운 속도로 늘어나고 있으며, 각 호텔의 고객 유치를 위한 경쟁이 심화되며 서비스의 중요성이 강조되고 있다. 이러한 대외적인 상황은 기업이 고객과의 관계관리를 위해 지속적으로 감정표현규칙을 정하고 이를 종사원에게 요구하는 계기를 마련한다. 일반적으로 호텔기업은 조직관리 차원에서 부서의 특징에 따라 직원교육을 차별화해 실시한다. 호텔 분야의 감정노동_(=감정표현규칙)은 매뉴얼로 작성해 교육자료로 활용되기도 하지만, 조직문화의 성격을 띠며 상사나 선배를 통해 교육이나 관찰을 통해 학습되기도 한다_김미경, 2019. 다른 조직에 비해 상사나 선배를 통한 교육이나 관찰을 통한 학습 비율이 높은 것이 호텔조직의 특성이기도 하다.

호텔 서비스의 질이 어느 정도 세밀하게 매뉴얼로 기재되었는지 예시를 살펴보자. **표 13** 은 서비스 표준매뉴얼의 사례이다. 벨을 누르고 몇 초를 기다려야 하는지와 벨을 몇 번 더 누를지, 그리고 문을 여는 각도까지 상세히 기재되어 있다. 객실의 고객이 불편하거나 놀라지 않도록 최대한 주의를 기울이고 조심하며 소리가 나지 않도록 수행하라는 조직의 목표가 담겨 있다. 매뉴얼만 보아도 호텔이 서비스업계 중 최상의 서비스를 제공하고 있는 것을 의심할 여지가 없다.

고객응대 매뉴얼이나 업무처리 매뉴얼의 형태로 종사원에게 심리적인 강제성을 띠는 호텔기업에서의 감정표현규칙은 긍정감정표현규칙과 부정감정억제규칙이다. **표 13** 과 같이 세밀한 매뉴얼에서 강조하는 긍정적 감정표현규칙은 기존의 다른 서비스업 직업군과 비교하기 어려울 정도이다. 이것은 호텔에서 제공하는 서비스의 비용이 고가인 것의 영향도 있다. 한 연구에서 호텔에서 제공하는 음식의 만족도를 조사한 결과, 모든 것에 만족한다는 결과를 얻었으나, '가격' 항목만 만족하지 못한 것으로 조사되었다. 또 다른 연구에서 서비스 불평사례를 조사한 결과, 음식의 가격 관련이 3.417로 가장 높았으며, 음식의 양 관련이 3.116으로

그다음으로 높게 나타났다_오홍진, 최동희, 최영환, 2012. 고객은 높은 가격을 지불하고 그에 상응하는 서비스를 기대하지만, 높은 서비스를 받음에도 불구하고 지불한 가격이 떠오르는 것은 인지상정 아니겠는가? 이것이 호텔 서비스가 어려운 이유 중 하나이다.

METHOD	STANDARD	YES	NO	COMMENT
	1. 벨을 한 번 누른 후 부서를 밝힌다. 2. 5초 내에 대답이 없을 경우, 벨을 한 번 더 누르고, 만약 여전히 대답이 없다면 문을 천천히 1/3 가량 연다. 이때 방에 들어서지 않는다. 방문을 노크하고 부서를 다시 한번 밝힌다. 3. 방문 목적을 정확히 밝히고 들어가도 좋을지 허락을 받는다. 4. 일을 마실 때는 손님이 만족하시는지 여부를 확인하고, 더 도와드릴 것이 없는지 묻는다. 5. 인사말을 전한 다음 조용히 문을 닫으면서 고객을 응시하며 뒷걸음으로 물러 나온다.			

표 13 서비스 표준매뉴얼 사례

출처_호텔 감정노동을 고려한 호텔서비스 매뉴얼 연구, 김혁수, 2019

6. 심리상담사

상담자_=상담사는 내담자가 자신의 문제를 스스로 탐색하고 결정하는 기회를 제공하며 내담자의 심리적 적응을 향상시키고 궁극적으로 자기 성장을 이루도록 돕는 조력자의 역할을 한다_최혜윤, 2015. 그러나 수많은 훈련과 자질 수양에도 불구하고 상담자들이 경험하는 스트레스와 문제는 매우 다양하다_Epstein, 1997. 예를 들면, 내담자를 통해 우울증, 자살 위협 및 시도, 망상 및 편집증, 성폭력, 약물중독, 가정폭력 등의 심각한 문제를 접하며_Epstein, 1997, 내담자들의 비합리적인 사고와 부정적인 정서 표현, 역기능적인 행동으로 인해 정신적인 부담감과 스트레스를 겪게 된다_최혜윤, 2015. 또한, 개인적인 삶에서도 도움을 줘야 한다고 생각하고, 직업활동과 개인생활을 분리하지 못하는 등 막중한 책임과 부담을 경험한다. 하지만 대부분의 상담자는 이러한 스트레스와 심리적 부담감을 적절히 대처하고 관리하며 자신의 업무를 수행한다.

프로이트_Sigmund Freud, 베텔하임_Bruno Bettelheim, 페더른_Paul Federn, 타우스크_Victor Tausk, 콜버그_Lawrence Kohlberg와 같은 유명한 상담자들의 자살 사례에서도 알 수 있듯이 상담자들의 정신건강 문제는 예외일 수 없다_Epstein, 1997. 한 연구에서 상담심리학자의 62%가 우울증을 경험했고, 그중 36%가 기분부전장애, 33%가 우울증을 동반한 적응장애로 치료받은 것으로 나타났다_

Gilroy & Carroll & Murra, 2002. 또한 43%가 과민해지거나 정서적으로 소모되는 경험을 했다고 답변했다_Mahoney, 1997.

이 같은 심리적 소진이 심리상담사에게 어떤 영향을 주는지에 관해 질적 연구를 진행한 최혜윤_2015의 논문 일부를 발췌했다.

첫째, 심리상담사의 감정적 소진이 발생하는 개인 내적 경험에 관한 질적 연구의 결과는 **표 14** 와 같다. 연구에 참여한 대부분의 상담사는 상담으로 심리적 소진이 일어날 정도의 힘든 상황에서 무기력감, 우울감, 좌절감, 화 등 '부정적 정서'를 전형적으로 경험하는 것으로 나타났는데, 인터뷰 내용은 다음과 같다.

표 14 소진이 발생하는 개인 내적 경험의 범주

범주	빈도(사례)
개인 삶의 변화와 개인적인 스트레스	전형적(8)
성격 및 성향	변동적(5)
상담경험 부족	변동적(5)
대학상담센터 업무에 대한 내적 부담감	변동적(4)
대학조직에서의 근무경험 부족	변동적(3)
대학조직 및 센터장에게 인정받고 싶은 욕구의 좌절	변동적(2)

출처_ 최혜윤, 2015

"내가 느끼는 거는 무력감인데, 보통은 상담 과정 중에 느끼는 무력감과는 달라요. 그냥 마음속에 느끼는 느낌은 그래요. '할 수 없을 것 같아. 안 될 것 같아.' 이런 것들의 반복이었던 것 같아요."

"제가 자살을 해야겠다고 생각했던 건 아닌데, 이런 게 심해지면 정말 뛰어내릴 수도 있겠다… 당연히 내가 그러겠다는 생각은 안 했었는데, 약간 그런 마음이 이해는 갔어요."

출처_ 최혜윤, 2015

둘째, 상담사는 심리적 소진 시에 상담 내에서 다양한 경험을 하는 것으로 나타났으며 자세한 내용은 **표15** 와 같다. 다양한 경험 중 전형적으로 '내담자에게 집중할 수 없음'을 가장 많이 경험하는 것으로 나타났으며, 인터뷰 내용은 아래와 같다.

"이게 그냥 잘 안 들려요. 보통은 내담자의 말에 집중하면서 항상 생각하거든요. '내담자가 말하는 것이 상담 목표와 어떻게 연결되지?' 아니면 '내담자가 말하는 것이 문제와 어떻게 연결이 되지?' 이런 것을 생각하는데 논리적으로 되지 않는 거예요. 그냥 멍한 상태가 되는 거죠."

"제가 사례에 집중이 잘 안 되는 걸 느끼겠더라고요. 다른 것을 하더라도 금방 내담자의 말에 주의를 기울이고, 그 말을 따라가게 되는데,

얘길 듣다 다른 생각을 하게 된다든지…. 내담자가 바쁘다고 하면 '아, 나도 해야 할 많은 일이 있는데….'라고 떠올린다든지 그런 식이에요."

출처_ 최혜윤, 2015

표 15 소진 시 상담 내에서의 경험의 범주	
범주	빈도(사례)
내담자에게 집중할 수 없음	전형적(10)
상담하는 것이 부담되고 하기 싫음	전형적(8)
내담자와의 심리적 분리가 어려움	변동적(6)
상담이 정체됨	변동적(6)
상담자로서의 자책감	변동적(5)
내담자에게 냉담해지고 공감하는 것이 어려움	변동적(4)
상담에 대한 자신감 감소	변동적(4)

출처_최혜윤, 2015

셋째, 상담자의 심리적 소진에 영향을 미치는 상담 관련 요인은 표16 과 같다. 대부분의 상담자는 경계선 성격장애, 조울증, 편집증 등의 정신질환이나 자살 위험 및 위협하는 내담자와 같이 심각한 증상을 보이는 내담자를 경험할수록 상담자의 심리적 소진은 커진다고 답변했다.

표 16 소진에 영향을 미치는 상담 관련 요인의 범주	
범주	빈도(사례)
심각한 증상을 보이는 내담자	전형적(7)
상담자로서의 낮은 효능감	변동적(3)
상담자로서의 삶과 사생활의 분리가 안 됨	변동적(3)
상담사례 수가 많음	변동적(3)
상담자를 비난하는 적대적인 내담자	변동적(2)
조기에 종결된 내담자	변동적(2)

출처_최혜윤, 2015

"심각한 아이들은 너무 심각해서 제가 제대로 만날 수 없어요. 상담 센터 앞에 컴퓨터가 있는데 거기서 자위하는 친구들도 있어요."

출처_ 최혜윤, 2015

넷째, 이렇게 힘든 상황에서 상담사가 자신의 심리상태를 극복하고 회복한 경우 개인 내적 변화의 범주는 **표 17** 과 같다. 상담사는 자신의 능력과 한계에 대해 수용하고, 자신을 긍정적으로 평가하게 되는 경험을 하게 되었다고 답변했다. 특히, 전형적으로 7개의 사례에서 심리상담사의 감정소진에 관한 관리의 중요성이 인식되었으며 관리능력이 향상되었다는 답변이 있었던 것은 주목할 만하다. 이는 심리상담사의 감정을 관리할 필요성이 있다는 이야기이며, 감정노동으로 연구를 발전시킬 수 있음을 보여주는 항목이기도 하다.

표 17 개인 내적 변화의 범주	
범주	빈도(사례)
자신의 한계를 수용하고 자신을 긍정적으로 평가하게 됨	전형적(8)
마음이 편안해지고 힘들지 않음	전형적(7)
소진관리의 중요성 인식 및 관리능력 향상	전형적(7)
삶에 대한 가치와 태도 변화	변동적(6)
자신에 대한 이해가 깊어짐	변동적(4)
에너지가 되살아남	변동적(4)
자기개방이 수월해짐	변동적(3)
상담자로서의 삶을 선택한 것에 확신하게 됨	변동적(2)

출처_최혜윤, 2015

"실패도 아니었고 잘한 거였고 그 정도면 아기 엄마가 애를 많이 썼고 저를 다시 평가하면서 더 성숙해진 것 같았어요."

"스트레스는 받기는 하는데, 그만둘 정도까지 힘들어 본 적이 있잖아요. 그래서 계속 보는 것 같아요. 그렇게 내가 놔둘지, 안 할지…."

출처_ 최혜윤, 2015

마지막으로 상담사의 심리적 소진 회복을 촉진하는 요인에 관해 11개의 범주로 분류되었으며 **표18** 과 같다. 감정노동의 하위개념으로 인정되는 소진의 회복을 촉진하는 요인은 일과 사생활의 균형을 위한 여가시간, 신앙생활·명상, 소진 상황에 대한 긍정적 시각 및 벗어나려는 의지, 부정적인 감정의 해소 및 조절 등 감정노동 해소방안과 거의 일맥상통하는 모습을 보였다. 인터뷰 내용은 아래와 같다.

"가만히 앉아서 하는 명상을 배웠거든요. 제가 편안한 상태로 그냥 앉아서 눈을 감고 그 안에 하나의 점이 있다고 생각하고 그 점을 바라 봐요. 떠오르는 것이 많은데 떠올려도 되고 떠올리지 않아도 돼요. 그런 것들을 하고 눈 뜨고 그냥 밖을 물끄러미 보면서 나뭇잎을 보면 나뭇잎 이 되어보기도 하고 그렇게 자연을 이용해요."

출처_ 최혜윤, 2015

심리상담사는 인간의 내면의 깊숙한 모든 이야기를 듣고 그 일에 관해 공감하며 내담자가 성장할 수 있도록 돕는 직업이다. 그 모든 이야기의 과정은 막장 드라마와 같은 일은 물론 자살, 폭언·폭행뿐 아니라 극단적인 모든 일에 노출되어 있다. 컴퓨터 앞에서 자위하는 일화에서도 짐작이 가능하듯이, 극단의 상황에서 소방공무원이나 경찰관은 부정적 감정노동으로 해당 행동을 저지할

표 18 개인 내적 요인의 범주(심리적 소진 회복)

범주	빈도(사례)
자신의 힘든 점을 개방하기	전형적(10)
전문성 강화에 대한 동기와 의지	전형적(9)
자신과 상황에 대한 재평가	전형적(8)
일과 사생활의 균형을 위한 여가시간	변동적(7)
자기탐색과 통찰의 과정	변동적(7)
부정적인 감정의 해소 및 조절	변동적(6)
자신의 모습을 있는 그대로 수용함	변동적(6)
소진 상황에 대한 긍정적 시각 및 벗어나려는 의지	변동적(5)
상담자로서의 의미 재정립	변동적(4)
신앙생활·명상	변동적(4)
전문가로서의 성취	변동적(3)

출처_최혜윤, 2015

수 있지만 심리상담사는 되도록 내담자의 행위에 관해 긍정하고 공감해야 한다. '많이 힘들었구나!'와 같은 표현을 하며 내담자가 하는 모든 말에 관해 인간적인 존중을 보인다.

그러나 직업이 내담자의 심리적 문제를 해결하는 전문가이다 보니, 해당 업무를 통한 자신의 감정을 털어놓는 일은 비전문적이 라는 고정관념이 있다. 이런 이유인지 모르겠으나, 임상심리사만 가입하는 익명의 카페가 있으며 해당 카페에서 자신의 피폐해진 정신상태라든지 업무상의 고됨을 나누고 있다. 심리상담사는 고도의 감정노동자다. 앞으로 그들의 정신건강을 위해 심리상담사만을 위한 심리상담뿐 아니라, 그들의 정신건강을 돌보기 위한 국가적 차원의 지원이 필요할 것이다.

E M O T I O N A L

L A B O R

PART 4

중립적
감정노동이란?

CASE
#06

같은 직업에서 항상
한 감정노동만
적용될까?

★ ★ ★ ★ ★ ★ ★

오랜만에 정 대리와 윤 대리는 퇴근 후 커피숍에서 만났다. 윤 대리는 최근 불만고객 전담팀의 팀장으로 부서를 이동했다. 일주일의 교육이 끝나고 윤 대리는 어제부터 불만고객의 콜을 받기 시작했다. 정 대리는 윤 대리의 근황이 궁금해 묻는다.

정대리　일은 할 만해?

윤대리　어제부터 콜 수용 시작했어.

정대리　그래? 별다른 거 없지?

윤대리　나도 별다를 거 없을 줄 알았어. 고객센터 입사 이후로 계속 친절 교육만 받았잖아. 일주일 동안 불만고객 전담팀 팀장들이 통화하는 걸 들었는데, 다들 목소리가 저음이고 친절이 배어나질 않더라. '내가 하면 훨씬 잘할 수 있겠다.' 속으로 호언장담했지.

정대리　친절한 불만 전담팀 팀장님이 되겠다!

윤대리　맞아! 드디어 어제 첫 콜을 받았지. 지금까지 상담하던 친절한 목소리로 '안녕하세요~ ○○ 고객센터 팀장 윤 대리입니다.' 이렇게 말했더니, 고객이 노발대발 소리 지르면서 팀장이 전화하라고 했더니 왜 상담사가 전화한 거냐고 네 위에 바꾸라고 난리더라니까….

정대리　정말? 당황스러웠겠다.

윤대리　내가 팀장 맞다 그러면서 옥신각신 땀 빼며 첫 콜을 처리

했지. 결국 두 번째부터는 목소리 한껏 낮추고 통화했어. 그러니까 윗사람인 줄 알더라! 이상하지 않아?

정대리 나도 불만 콜 통화할 때는 친절한 목소리로 안 해. 어차피 통화하면서 목소리 달라진다고 불만이 심해지잖아.

윤대리 그러니까 말야! 이상하지 않아?

정대리 뭐가?

윤대리 고객센터 상담사가 미소표현, 친절로는 대표적인 직업인데, 팀장이라고 해서 다를 건 없잖아. 그런데 고객이 팀장에게 친절, 미소를 원하지 않는다면 왜일까? 불만고객 팀장에게 고객이 요구하는 감정은 긍정적인 감정은 아닌 것 같아.

정대리 퇴근하면 직장 생각은 그만합니다. 스콘 가지러 가요~.

갸우뚱하는 윤 대리의 말을 뒤로하고 정 대리는 주문대로 향한다.

감정노동은 자신의 의지와는 관계없이 조직이 원하는 그리고 고객이 원하는 감정을 표현해야 하는 모든 직업에서 발생한다. 위의 에피소드에서 고객이 상담사와 불만고객 전담팀 팀장에게 요구하는 감정표현규칙이 다르다는 것을 알 수 있다.

그렇다면 상담사와 불만고객 전담팀 팀장에게 요구되는 두 감정노동은 어떻게 다른 것일까? 고객은 상담사에게 친절과 공감을 표현하는 긍정적 감정노동을 희망하고, 불만고객 팀장에게는 정서적으로 중립을 유지하며 객관적이면서 공정한 정보를 전달하는 중립적 감정노동을 희망하고 있다. 이처럼 같은 직업군이라 할지라도 상황에 따라 요구되는 감정노동이 달라질 수 있을까?

1. 긍정적 감정노동의 특수상황_불만고객

앞서 소개한 윤 대리의 에피소드와 같이 긍정적 감정노동이 적용되는 직업에서도 수행하는 직무나 상황에 따라 다른 감정노동이 적용된다. 항공사 승무원 212명을 대상으로 진행한 연구에서 68.9%인 146명이 긍정적 감정노동을 수행하고, 31.1%인 66명이 중립적 감정노동을 수행하는 것으로 나타났다_고인곤·문명주, 2017. 해당 직업군의 조직에서 요구하는 대표적인 감정표현규칙은 있지만, 특수한 상황이나 같은 조직 내에서도 직무에 따라 조직이 사원에게 요구하는 감정표현규칙이 다르다는 것을 보여주는 연구결과이다.

항공사 승무원은 긍정적 감정노동이 적용되는 대표적인 직업군이다. 승무원이 고객을 응대하는데 고객이 불만을 표현하기 시작한다. 이때 조직이 승무원에게 요구하는 것은 두 가지이다.

▶불만고객 응대 시 항공사 승무원에게 요구되는 것

> 첫째, 고객의 불만을 파악해서 고객이 만족하도록 처리하는 것

> 둘째, 불만고객의 응대를 종료하고 다른 고객을 응대하는 것

불만고객을 응대하면서 조직이 원하는 위의 두 가지를 해결하

기 위해 노력해야 한다. 승무원은 고객의 불만을 계속 들어줄 수 없으니 적당한 선에서 끊어야 한다. 이런 상황에서 중립적·부정적 감정노동이 적용된다. '고객님! 이러시면 안 됩니다', '계속 같은 말씀을 하셔도 도움드릴 수 없습니다', '제가 처리할 수 있는 부분이 아닙니다' 등의 표현을 사용하면서 고객의 언어를 중지시키고자 노력할 것이다. 이때 언어표현은 중립적·부정적 감정노동을 적용함으로써 차갑고 단호하고 때로는 언성을 높이며 표현한다.

고객센터 상담사도 마찬가지이다. 고객센터에서 현재 인입되는 콜은 상담사가 바로 수용해야 한다. 고객의 콜은 1분 내로 끊어질 수 있으며 끊어진 콜은 고객의 불만 요소가 된다. 이를 위해 고객센터에서는 서비스 레벨_service level(엔드 유저가 시스템에서 적절한 서비스를 받고 있는지 어떤지를 나타내는 지표)을 관리한다. 서비스 레벨은 고객이 ARS에서 '상담사 연결'을 누른 전체 호에서 상담사가 수용한 호를 나눈다. 몇 개만 포기 호가 발생해도 서비스 레벨은 100%에서 90%로 빠르게 내려간다. 고객센터에 불만고객 전담팀이 있는 것은 이런 이유이기도 하다. 시간이 오래 걸리고 상담사보다 높은 권한이 필요한 콜은 전담팀으로 이관하고 상담사는 가볍고 빠르게 처리 가능한 다른 호를 수용해야 한다. 그런데, 이관할 수 있는 것도 한계가 있다. 상황은 매우 다양하다. 불만고객 전담팀의 이관기준에 적합하지 않거나, 고객이 끊고 전담팀의 전화를 기다리는 것을 원하지 않을 수 있다. 이런 특수한 상황 때문에 어쩔 수 없이 상담사는 하루에 몇 건은 불만고객 응대를 하게 된다.

윤서영_2020은《불만고객에 대한 콜센터 상담사의 지각된 감정표현규칙이 직무만족에 미치는 영향-감정소진의 매개효과를 중심으로》에서 이러한 상황을 연구했다. 평소 고객센터 상담사는 말할 것도 없이 긍정적 감정노동이 적용되는 직업이기 때문에 불만고객이라는 특수한 상황을 적용시켰다.

불만고객은 경영학이나 소비자학에서도 명확하게 정의되지 않았다. 블랙컨슈머, 고객불량행동, 고객 보복행동, 문제고객 행동, 비협조적 고객행동 등 다양한 용어로 사용되는데 학자별로 정리하면 **표 19** 와 같다. 이영애_2013의 연구에서는 '과도한 소비자의 권리행사부터 불법과 합법의 경계 선상에서 자신의 요구를 관철시키려고 하는 행동까지를 포괄하는 개념'으로 정의하고 있다.

다양한 연구에서 불만고객을 언행의 특성에 따라 유형별로 분류한다. 윤서영_2020의 연구에서는 불만고객을 '업무 방해형', '담당자 괴롭히는 유형', '인격적 모독형', '폭언·욕설형', '협박성 악담형', '실제적인 신체 위협형'과 같이 6가지 유형으로 정의한 것을 설문지에 포함했으며 구체적인 내용은 **표 20** 과 같다_곽성희, 2014.

업무 방해형은 영업장에서 고성과 난동, 팩스와 전화 등으로 끊임없이 불만제기, 매일 같은 시간에 지속적으로 방문해 같은 민원을 반복하는 행위를 하는 유형이다. 담당자 괴롭히는 유형은 '잘

표 19 고객불량행동에 대한 주요 학자들의 정의

연구자(연도)	정의
Mills and Bonoma(1979)	사회적으로 부적절하거나 사회적 규범과 갈등을 일으키는 행위를 하는 소비자들의 일탈행동
K. Huh(1997)	소비자가 권리를 남용하는 한편 책임을 다하지 못하는 행동을 포괄하는 개념
Fullerton and Punj(2004)	소비상황에서 일반적으로 받아들여지는 행동의 규정을 위반하여 소비질서를 파괴하는 행위
H. Yang(2005)	불만표출 과정에서 소비자가 권리주장에 집착하여 자신들의 주장을 지나치게 과격한 방법으로 주장하거나, 또는 과도한 요구를 하는 등의 비이성적이며 소비자로서의 책임을 다하지 못해 나타나는 행동
서주희(2006)	소비자 비양심성, 불법성, 기만과 같이 비윤리적인 상거래 행동과 억지, 공격성, 무례함 등과 같이 지나치게 감정을 표출하는 행동 모두를 포함하여 거래상 권리를 남용하는 것
이승훈(2011)	계획된 불법성은 없더라도 불법과 합법의 경계 선상에서 이루어지는 행동이거나 기업의 정상적인 업무에 방해를 초래할 정도의 과도한 권리행사를 하는 까다로운 소비자부터 블랙컨슈머와 같이 악의적인 민원을 제기하는 소비자까지를 포괄하는 다소 유동적인 개념
이영애(2013)	과도한 소비자의 권리행사부터 불법과 합법의 경계 선상에서 자신의 요구를 관철시키려고 하는 행동까지를 모두 포괄하는 개념

출처_진상 고객 갑씨가 등장했다, 윤서영, 2019

못 없어도 기분 안 좋으니 무릎 꿇고 빌어라', 반복적으로 전화해서 '사과해라' 혹은 '몇 시 몇 분에 전화해라' 새벽까지 휴대폰으로 문자와 전화를 계속하는 유형이다. 인격적 모독형은 '능력도 없으면서 밥만 축낸다', '수준도 안 되면서', '그러니까 니가 이런 일을 하는 거다' 등 인격적인 모독을 하는 유형이다. 폭언·욕설형은 '눈알을' 등 입에 담을 수 없는 폭언, 욕설과 성희롱하는 유형이다. 협박성 악담형은 '집주소 아는 거 금방이다', '밤길 조심해라' 등, 때로는 '아이들을 가만두지 않겠다' 등의 협박을 하는 유형이다. 실제적인 신체 위협형은 면담 시 폭행, 뺨과 뒤통수 등 때리기, 서류 내던지기, 사무실 난입 등 신체적인 위협을 가하는 유형이다.

표 20 블랙컨슈머의 유형

유형	특징
업무 방해형	영업장에서 고성과 난동, 팩스와 전화 등으로 끊임없이 불만 제기, 매일 같은 시간 지속적으로 방문해 같은 민원 반복 등
담당자 괴롭히는 유형	'잘못 없어도 기분 안 좋으니 무릎 꿇고 빌어라', 반복적으로 전화해 '사과해라' 지시, '몇 시 몇 분에 전화해라'··· 새벽까지 휴대폰으로 문자와 전화 계속
인격적 모독형	'능력도 없으면서 밥만 축낸다', '수준도 안 되면서', '그러니까 니가 이런 일을 하는 거다' 등
폭언· 욕설형	'눈알을' 등 입에 담을 수 없는 폭언, 욕설과 성희롱
협박성 악담형	'집주소 아는 거 금방이다', '밤길 조심해라' 등, 때로는 '아이들을 가만두지 않겠다' 등
실제적인 신체 위협형	면담 시 폭행, 뺨과 뒤통수 등 때리기, 서류 내던지기, 사무실 난입 등

출처_블랙컨슈머의 악성적 행동에 관한 사례분석, 곽성희, 2014

이와 같은 불만고객 정의를 구체화해 설문지에서 상담사의 개
인적인 기준으로 불만고객을 분류하지 않도록 했다.

해당 연구의 연구모형은 그림8 과 같다.

그림 8 연구모형

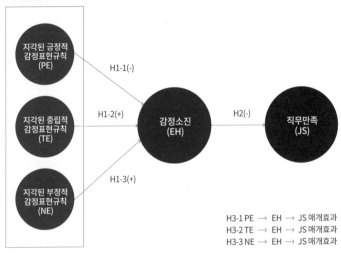

출처_윤서영(2020)

해당 연구의 연구모형에 따른 가설은 다음과 같다.

H1-1: 지각된 긍정적 감정표현규칙은 감정소진에 부(-)의 영향을 미칠
것이다.

H1-2: 지각된 중립적 감정표현규칙은 감정소진에 정(+)의 영향을 미칠
것이다.

H1-3: 지각된 부정적 감정표현규칙은 감정소진에 정(+)의 영향을 미칠
것이다.

H2: 감정소진은 직무만족에 부(-)의 영향을 미칠 것이다.

H3-1: 감정소진은 지각된 긍정적 감정표현규칙과 직무만족 사이의 관
계를 매개할 것이다.

H3-2: 감정소진은 지각된 중립적 감정표현규칙과 직무만족 사이의 관
계를 매개할 것이다.

H3-3: 감정소진은 지각된 부정적 감정표현규칙과 직무만족 사이의 관
계를 매개할 것이다.

고객센터 상담사 총 233명을 대상으로 설문조사를 진행했으며,
PLS-SEM의 평가절차로 분석한 결과는 표 21 과 같다.

표 21 가설 검증 결과 요약

구분	내용	검증결과
가설 1	가설 1-1> 지각된 긍정적 감정표현규칙은 감정소진에 부(-)의 영향을 미칠 것이다.	채택
	가설 1-2> 지각된 중립적 감정표현규칙은 감정소진에 정(+)의 영향을 미칠 것이다.	채택
	가설 1-3> 지각된 부정적 감정표현규칙은 감정소진에 정(+)의 영향을 미칠 것이다.	기각
가설 2	감정소진은 직무만족에 부(-)의 영향을 미칠 것이다.	채택
가설 3	가설 3-1> 감정소진은 지각된 긍정적 감정표현규칙과 직무만족 사이의 관계를 매개할 것이다.	채택
	가설 3-2> 감정소진은 지각된 중립적 감정표현규칙과 직무만족 사이의 관계를 매개할 것이다.	채택
	가설 3-3> 감정소진은 지각된 부정적 감정표현규칙과 직무만족 사이의 관계를 매개할 것이다.	기각

출처_윤서영(2020)

윤서영_2020의 연구결과를 요약하면 다음과 같다.

상담사의 지각된 긍정적 감정표현규칙_(=긍정적 감정노동)은 감정소진에 부(-)의 영향을 미치는 것으로 나타났다. 긍정적 감정노동은 상담사의 실제 감정에 긍정적인 영향을 미치는 것을 의미한다. 이것은 앞서 언급한 것과 마찬가지로 지금까지 웃어야 하는 상황이 감정노동을 일으킨다는 말과는 상반된 결과이다. 또한, 상담사가 불만고객에게 표현한 중립적 감정표현규칙_(=중립적 감정노동)은 상담사의 감정소진에 정(+)의 영향을 미치는 것으로 나타났다. 이는 중립적 감정노동은 실제 감정에 부정적인 영향을 미치는 것을 의미한다. 마지막으로 부정적 감정표현규칙_(=부정적 감정노동)은 검증 결과 유의미한 결과를 얻지 못했다.

중요한 점은 긍정적 감정노동의 대표적인 직업인 상담사에게 중립적 감정노동과 부정적 감정노동이 적용되는 상황이 있다는 것이 확인되었다는 점이다. 앞에서 나온 윤 대리의 불만고객 팀장의 에피소드와 같다. 결국, 직업을 대표하는 특성이 있더라도 조직 내의 모든 사람이 같은 일을 하지 않는 것처럼 같은 직업을 가졌다 하더라도 표현하는 감정표현규칙은 상황이나 업무에 따라 다를 수 있다는 것을 의미한다.

CASE
#07

중립적 감정노동이
요구되는 직업군

★ ★ ★ ★ ★ ★ ★

냉정하고 차가운 의사

　서영이는 막내의 이마를 짚는다. 엊저녁 고열로 밤잠을 설쳤다. 다행히 오늘은 회사에 연차를 내서 막내의 병간호를 걱정하지는 않았다. 그래도 병원에 데려가려고 서두른다.

간호사　바로 들어가시면 돼요.

　이 병원에 자주 오는 이유는 대기시간이 없기 때문이다. 첫째를 병원에 데려오던 4년 전만 해도 환자가 많았다. 그땐 의사 선생님이 네 분이었다. 모든 환자가 할아버지 의사 선생님을 회피하고 다른 선생님께 진료를 받겠다고 하자 다른 의사 선생님들이 하나둘 사라졌다. 그리고 할아버지 의사 선생님 혼자 100평 남짓 되는 넓은 병원을 독차지했다. 그분이 원장선생님인 모양이다.

의　사　가율이군요. 어떻게 오셨지요?

　항상 같은 표정과 같은 자세로 컴퓨터 화면만을 바라보며 할아버지 의사 선생님이 묻는다.

서　영　네~ 엊저녁부터 열이 나서요.

의 사 엊저녁부터 열이 났군요. 몇 도까지 올랐나요?

서 영 39.9도까지 올랐어요. 최근에 유치원 개학을 했는데 좀 힘들었나 봐요.

의 사 힘들었다고 감기에 걸리진 않죠. 그런데 지금은 37도군 요. 열이 내렸군요. 해열제를 썼나요?

서영은 아차 했다. 이 의사의 가장 큰 특징은 사실이 아닌 감정이나 느낌을 표현하는 것을 아주 싫어했다. 아니, 혐오에 가까운 표현을 하기도 했다. 엄마들이 '제가 뭘 먹었는데 그게 혹시 잘못됐나요?', '어린이 집을 보내지 말까요?' 등 의학적 근거 없이 추측으로 말하는 것을 상당히 싫어하고 답변할 때는 올라오는 자신의 감정을 거르지 않고 표현하는 경향이 있었다. 인터넷에 병원 이름을 검색하면 엄마들의 많은 에피소드가 올라와 있다. 한 아이의 엄마는 진료받으며 아이가 눈도 아프고, 이도 흔들거리는 것 같고, 어디도 아프고 등 많은 이야기를 했더니 의사가 '눈이 아프면 안과에 가고, 이가 아프면 치과에 갈 일이지 여기는 왜 왔냐?'라고 했단다. 울면서 병원을 뛰쳐나왔고 그 병원 가지 말라는 욕을 써놓았다.

정신을 가다듬고 서영은 할아버지 의사 선생님의 질문에 답한다.

서 영 네~ 해열제를 먹였어요.

의 사 가장 최근에 몇 시에 먹였나요?

서 영   오늘 오전 6시에 먹였어요.

의 사   그랬군요. 먹는 것은 잘 먹나요?

서 영   아니요. 잘 안 먹네요.

의 사   고열이 나고 있으니, 이틀치만 약을 드리겠습니다.

　　　　이틀 후에 다시 오시죠.

서 영   네! 감사합니다. 안녕히 계세요.

　처음에는 무뚝뚝한 할아버지 의사가 싫었다. 막내가 백일 무렵, 첫째에게 감기를 옮은 적이 있었다. 그때 의사는 무섭게 말했다.

의 사   해열제 먹여도 열이 내리지 않으면 바로 응급실로 가야

　　　　합니다. 무식하게 열이 나는 아기를 끌어안고 있는 부모

　　　　가 있는데 그럼 안 돼!

　뭐, 저런 의사가 있나 싶었다. 하지만 의사의 말처럼 그날 저녁 막내는 해열제를 먹여도 열이 내리지 않고 계속 울었다. 혹시나 데려간 응급실에서 골수검사를 했고, 뇌염이었다. '그날 조금만 늦게 갔으면 어떻게 됐을까?' 다시 생각해도 아찔하다. 그 뒤로 서영은 이 의사에게 신뢰가 생겼다.

　울면서 뛰쳐나간 엄마가 올린 글도 잘 읽어보면 의사의 말이 맞다. 눈을 정밀검사하려면 안과에 가서 자세히 봐야 하고, 치아는 치과에 가

야 자세히 진료할 수 있다. 다만, 감정적으로 듣지 않고 이성적으로 들어야 들린다. 그렇게 서영은 그 뒤로 이 병원만 다니게 되었다.

중립적 감정노동은 정서적으로 중립을 유지하며 객관적이면서 공정한 정보를 전달해야 하는 업무를 수행하는 직업군에서 나타난다. 중립적 감정노동이 요구되는 직업은 체육학 분야직, 방송인_연예인 및 1인 방송인 포함, 장의사, 판사_법조인, 의사_의료계인, 운동경기 심판, 카지노 딜러 등 전문직이 많다. 전문직은 다른 직업에 비해 감정노동에 관한 자유도가 높다.

감정노동 연구의 대부분은 긍정적 감정노동 수행과 부정적 감정노동 억제에 관한 내용이다. 이는 친절과 미소를 중요시하는 긍정적 감정노동이 적용되는 서비스업에 관한 연구가 대부분이기 때문이기도 하다. 중립적 감정노동에 관한 연구는 많지 않았다.

앞서 언급한 항공사 승무원 212명을 대상으로 진행한 연구에서 68.9%인 146명이 긍정적 감정노동을 수행하고, 31.1%인 66명이 중립적 감정노동을 수행하는 것으로 나타났다_고인곤·문명주, 2017.

그러나 이 연구도 다른 연구와 마찬가지로 긍정적 감정노동이나 긍정적 감정표현규칙에 관한 연구에서 함께 중립적 감정노동을 언급하는 수준이었다. '중립적 감정노동'을 주제로 사용한 연구는 찾아보기 힘들었다. 오히려 직무스트레스나 감정노동의 하위개념인 감정소진, 감정부조화에 관한 연구가 더 많았다.

이것은 중립적 감정노동이 적용되는 직업군인 전문직의 연구에서 '감정노동'이라는 용어를 사용하지 않는 경향이 있다는 것을 의미한다. 다시 말하면, 연구자들이 '감정노동'이라는 용어의 의미가 최초에 연구가 시작된 사회학적 측면에서 사회계층의 하위에 속하는 직업군에 국한되는 것으로 인지하고 있다는 것을 의미하기도 한다. 중립적 감정노동이 요구되는 직업군 중 특히 법조인에 관한 논문에서 '마음챙김' 수업을 미국처럼 로스쿨 기본과목으로 채택해야 한다는 주장은 해당 직업군의 감정노동이 극심한 것을 나타내주는 예시이기도 하다.

이런 이유로 중립적 감정노동과 부정적 감정노동에 관한 문헌연구는 해당 직업에 관한 연구를 바탕으로 직업적으로 감정이나 정서에 관련된 부정적인 결과를 보인 것을 종합해서 문헌연구를 진행했다. 앞으로 이 책을 통해서 감정노동이 하위계층의 직업군에서 발생하는 것이 아닌 전문직에서도 발생할 수 있음을 사회적으로 인식하고 산업재해로 인정될 수 있기를 희망한다.

1. 체육지도자

체육학 분야는 스포츠산업이 서비스화되면서 체육지도자가 수련생과 학부모를 대할 때 긍정적 감정노동을 표현해야 하는 어려움이 존재한다_이광수, 허진, 2017. 이뿐 아니라, 스포츠 현장에서 예의 바르게 수련에 임해야 하는 중립적 감정노동도 발생한다. 체육학 분야에서 감정노동에 관한 연구는 최근 생활체육 지도자, 캐디, 태권도 지도자 등을 중심으로 점진적으로 보고되고 있다_류동수 등, 2016; 이광수 외, 2017. 그러나 해당 연구에서 중립적 감정노동이라는 용어보다 "부정적 감정표현에 대한 관리 및 통제_이광수 외, 2017"라는 표현을 사용하고 있었다.

김성일_2011의 연구에서 생활체육 지도자의 감정노동은 감정소진에 정(+)의 영향을 미쳤고, 직무만족에 부(-)의 영향을 미치는 것으로 나타났다. 이는 감정노동이 소진을 일으키고 직무만족은 저하한다는 다른 직업의 연구결과와 같은 결과이다. 이광수, 허진_2017의 연구에서 태권도 지도자의 감정노동의 표면화 행위와 내면화 행위는 감정소진에 정(+)의 영향을 미치는 것으로 확인되었다. 이 또한 위의 연구와 같은 결과라고 볼 수 있다.

체육학 분야의 기존 연구는 스포츠 현장에서의 중립적 감정노동을 지도자의 관점에서 주로 언급하고 있다. 그러나 지도자의 훈련을 통해 성장하는 수련생의 입장에서도 마찬가지이다. 이는 조직문화를 이끄는 선배와 지도자의 언행을 관찰하고 학습한다는 의미에서 호텔 서비스와 같다. 수련생은 신체 수련의 고통을 외면하며, 지도자의 요구에 따라 수련받아야 하는 수련생의 입장에서는 지도자에게 불평과 불만을 표현해서는 안 되는 것처럼 인식되어왔다. 어린 시절부터 훈련을 시작하는 운동선수는 반복적인 정신교육으로 지도자의 폭행이나 성폭행을 경험해도 견디기에 이르는 극단적인 사례도 최근 오픈되고 있다_한겨레, 2019. 3. 4.

다만 체육학 지도자는 저연령층의 수련생과 학부모를 대할 때는 긍정적 감정노동에 노출되며, 기타 수련생에게는 중립적 감정노동을 표현해야 하는 등 고객 개개인에게 적합한 다양한 감정노동이 요구되는 휴먼서비스 제공자의 특성이 존재한다. 앞으로 체육지도자의 특성 중 하나인 중립적 감정노동에 더 면밀하게 접근한 연구가 필요하다.

2. 방송인(연예인 및 유튜버 등)

방송인의 경우 자신의 감정과는 달리 웃음을 보여야 하는 상황에 자주 노출된다. 하지만 보통 정치적 중립과 가치중립적 태도를 대중이 엄격하게 요구하기 때문에_선우경, 2002 중립적 감정노동이 요구되는 직업으로 분류했다. 특히, 대중에게 전달하는 의상, 몸짓, 표정이나 언어적 능력은 방송인에게 필요한 자질로 요구하는 경향이 있다_이종락, 1997.

이와 같은 방송인의 직무특성에서 오는 직무스트레스는 거의 소진_burn-out에 준하는 것으로 자동차 영업사원이나 경찰 공무원과 비슷한 수준이라고 할 수 있다_유영현, 1998. 이러한 방송인의 직무특성은 개인적 차원에서는 불안과 수면 곤란, 자살 등 부정적 결과를 초래할 수 있어 개인의 삶에도 부정적인 영향을 미칠 수 있다_김선남, 1999. 이 외에도 방송인의 사회적 위상, 영향력 등으로 외부에 비친 그들의 모습에 초점을 맞추는 사람들은 이들 개인의 삶이 풍요롭고 행복할 것이라고 추론해 비판적인 성향을 띠기도 한다. 그럼에도 방송인과 관련된 연구는 거의 찾을 수 없었고, 기자 중심의 언론인에 관한 연구가 최근에 증가하고 있을 뿐이다. 특히, 자살은 미디어에 대서특필되어 대중에게 미치는 영향이 큰 만큼 앞으로 방송인의 정신건강에 관련된 연구가 다수 진행될 필요가 있다.

최근 1인 미디어는 크리에이터나 유튜버를 관리하는 에이전시가 등장할 정도로 눈부시게 발전하고 있다. 그러나 방송에 대한 대중의 악성댓글 및 루머에 계속 중립적인 태도를 지켜야 하므로 이로 인한 감정노동 발생이 불가피하다. 악성댓글에 대해서는 법적인 조치를 하기도 하나, 심각한 수준이 아닌 비꼬거나 언어유희적인 표현은 스스로 감내해야 할 부분이기 때문이다_윤서영, 2016.

특히 직업의 특성상 방송인은 자신의 이미지 관리가 무엇보다 중요하기 때문에 악성댓글에 일일이 반응하기 힘든 부분이 있다. 그러나 어떤 사건의 쟁점이 되어 불특정 다수인 대중에게 공격받으면 우울증, 불안, 불면증 등 다양한 정신장애가 나타날 수 있는 감정노동의 고위험군 직업이라 하겠다. 이런 상황에 있으나, 방송인의 감정노동이나 감정표현규칙에 관한 연구는 거의 드물었다.

유정희_2010의 연구에서 방송인은 방송에서 요구하는 감정과 개인의 감정 사이의 부조화로 인해 자신에 대한 신뢰나 자신의 모습을 수용하는 데 어려움이 있는 것으로 나타났으며, 이것을 극복하기 위해 자신에 대한 신뢰와 자신감, 격려와 동기부여가 가능한 직무환경의 필요성에 관해 언급하고 있다. 또한, 해당 연구에서 방송인의 감정노동은 소진과 정(+)의 관계에 있는 것으로 나타났다. 이것은 다른 직업과 같은 결과를 얻은 것이며, 매일 실체가 보이지 않는 대중과의 대면에서의 방송인의 어려움과 고초를 느낄 수 있는 결과이기도 하다.

방송인의 감정노동은 다른 직업과는 특별하게 다른 점이 한 가지 있다. 이들은 SNS나 인터넷을 통해 악성댓글과 대면해야 한다. 앞에서 설명한 고객센터 상담사의 직무특성에서 대면 업무와는 달리 비대면 업무일 경우 고객은 좀 더 과격한 언어를 사용한다고 적은 바 있다. 하물며 익명일 경우에는 어떻겠는가? 이 때문에 계속해서 연예인의 자살사건이 일어나고 있으나, 현재까지 이렇다 할 방어책이 없는 상태이다.

그들의 출연료가 높고 다른 직업군에 비해 돈을 쉽게 버는 것처럼 보인다고 해서 누구도 공격할 권한을 가지고 있지 않다. 방송인에 대한 감정노동 보호는 익명의 댓글에 대해 어떻게 국가가 법으로 보호할 것인가에 관해 먼저 지정될 필요가 있다.

3. 법조인(판사, 검사, 변호사)

정서적으로 중립을 유지해야 하는 법조인도 중립적 감정노동 직업군에 속한다. 범죄자와 범죄사건을 계속해서 접해야 하는 법조인은 그들의 업무에서 지속적으로 부정적인 에너지를 받는다.

양삼승 전 대한변호사협회 부협회장은 사회에서 바람직한 법조의 모습을 구조화시켰다고 했다. 그 모습에 대해서 판사는 "균형감 있는 법관", "정의감 있는 법관", 검사는 "묵묵히 일하는 검사", "겸손한 검사", 변호사는 "창의적인 변호사", "봉사하는 변호사"로 요약했다_양삼승, 2010. 최고의 전문직에 속하는 이 직업군은 다른 직업에 비해 윤리적인 면이 강조되고 인간의 생명과 범죄에 대한 판결과 관련되어 타인의 인생을 바꿀 수도 있는 중대한 업무에 매번 노출되어 있다. 법적 분쟁이나 범죄를 다루는 법실무는 담당 법조인에게 높은 스트레스와 심리적 부담을 주며, 다른 한편으로는 인권 보장과 사회정의 실현에 관한 업무로 고도의 전문성과 직업윤리를 요구한다. 이러한 이유로 법조인은 늘 자신을 성찰하여 업무능력과 함께 윤리의식을 연마해야 한다_김기대, 2014.

이러한 고도의 전문성과 직업윤리에 따른 심리적 부담을 줄이기 위해 미국은 로스쿨 과정에 심리치료 과목을 포함시키고 있다. 미국 로스쿨 중 Miami 로스쿨, UC Berkeley 로스쿨,

Northwestern 로스쿨, Roger Williams 로스쿨에서는 마음챙김 명상을 교과과정에 포함시키고 있으며, 이는 법률가로서 사고과정 자체를 고찰하는 메타인식_meta-cognition을 교육 기간부터 발전시킬 수 있도록 도와준다_김기대, 2014. 마음챙김 명상은 현재 자신에게 일어나는 감각, 감정, 생각을 있는 그대로 알아차림으로써 과거나 미래가 아닌 현재를 있는 그대로 수용하는 명상이다. 마음챙김 명상은 심리학적 치료기법의 하나로, 미국 의료계에서 과거 30여 년 동안 시행하면서 정신질환과 정신장애에 도움을 준다는 것이 밝혀지면서 미국 내에서는 병원, 기업, 군대, 교정시설, 학교 등에서 활용되고 있다_김기대, 2014.

이와 같은 연구에서 감정노동 혹은 감정표현규칙에 관한 단어가 언급되지는 않았으나, 법조인에게 요구하는 법조 윤리의식에 따른 중립적 감정노동에 관한 심리적 압박을 고려한 치료방법을 학과과정에서부터 습득하도록 권장한다는 의미로 해석된다.

박근혜 대통령 탄핵 사건_2017 당시 이정미 헌법재판소장 권한대행의 탄핵 판결 선고문은 전국에 생방송으로 중계되었다. 이러한 중대한 방송에서 웃음이나 친절함을 보이거나_긍정적 감정표현규칙, 위협이나 경멸_부정적 감정표현규칙을 보이게 되면 법조인으로서 공정함을 대중에게 전달하기 어려워진다. 이정미 헌법재판소장 권한대행은 단호하나 차분한 어투로 최대한 객관적인 정보를 전달하고자 힘있게 낭독했다. 이것이 중립적 감정노동에 해당하는 대표적인 예시이다.

김기대_2014의 연구에서는 법조인이 자신의 감정을 순화하고 심리적 안녕감을 유지할 수 있도록 마음챙김 명상과 같은 과목을 교과과정에 포함시킬 필요가 있음을 권하고 있다. 마음챙김 상태는 객관적인 현실을 알아차리게 하며, 자신의 심리상태를 알아차림으로써 감상적인 감정상태에 빠져 범할 수 있는 판단의 오류를 줄이고 법적 사고를 명료하게 만든다_김기대, 2014. 그러나 해당 연구에서는 현실적인 면에서 업무에 쫓기는 국내 법조인에게 적용되기에는 무리가 있음을 시사하고 있다. 또한, 명상 등에 폐쇄적인 조직의 특성에 대해서도 변화의 필요성을 언급했다. 이에 따라 가장 자연스럽게 변화할 수 있는 방법으로 미국의 로스쿨처럼 교과과정에 포함시키는 방법을 제시한다. 이는 학생의 신분에서 감정을 관리하는 스킬을 자연스럽게 습득하게 하기 위함이다.

이 연구에서 주장하는 괄목할 만한 내용은 법조계 현장에서 가치중립을 유지하기 힘든 다양한 상황에 노출된다는 것이다. 이는 자신의 실제 감정이 요동칠 수 있는 사례나 사건이 많다는 것을 의미하며, 이러한 상황은 객관성을 요구하는 법조인의 기본윤리를 흐트러트릴 수 있다. 이를 위해 감정의 순화가 필요하며 기본 스킬을 습득하도록 변화가 필요하다는 내용이다. 즉, 조직 내에서 중립적 감정노동을 중요하게 다루고 있고, 이를 위해 자신의 실제 감정과 표현하는 감정의 차이에서 오는 감정노동을 줄이는 방법을 습득할 필요성이 있음을 제기하고 있다.

연구는 어떠한 변수를 다루느냐에 따라 주제가 달라지고 주제에 따른 결과도 달라질 수 있다. 최고의 전문직에 속하는 법조인에 관한 감정노동 연구는 거의 드물다. 이것은 감정노동자에 대한 국내의 잘못된 고정관념에 따른 결과일 수도 있으며, 해당 직업군에 관한 이해부족에 따른 결과일 수도 있다. 현재 서울중앙지법 부장판사인 문유석 판사는 《판사유감》_2019, 문학동네을 통해 법관으로 겪을 수 있는 고뇌를 표출하고 있다. 김기대_2014의 연구에서 감정노동을 언급하고 있지는 않지만, 이 연구는 앞에서 말한것처럼 법조인에 관한 감정노동 연구가 필요함을 시사하고 있다.

4. 의료인(의사, 간호사)

의사는 환자와 대화하면서 매일 '아프다'라는 부정적인 의사표현에 노출되며, 인간의 생명과 죽음이 오가는 상황에서 중립적인 감정으로 의술에 관해 이야기해야 한다. 즉, 환자에게 일어날 모든 부정적인 가능성에 대해 설명하는 일에 노출되어 있다. 치사율이 몇 퍼센트이며, 재발률은 어떻고, 부작용은 어떠한지 자세히 설명해야 한다.

앞서 다룬 법조인과 마찬가지로 업무능력과 함께 윤리의식이 강조되는 의료계는 의학의 아버지라고 불리는 '히포크라테스 선서'를 하는 것으로 유명하다. 선서의 내용 일부는 다음과 같다.

▶ 히포크라테스 선서 중에서

· 나의 양심과 위엄으로써 의술을 베풀겠노라.

· 나의 환자의 건강과 생명을 첫째로 생각하겠노라.

이 두 문장에서도 느낄 수 있는 인간의 존엄성과 생명의 소중함에 대한 의식은 의사에게 요구되는 가장 기본적인 자질이다. 이처럼 한 사람의 생명을 책임지는 무게를 견뎌야 하는 의사에 관한 감정노동 연구는 거의 드문 것이 현실이다. 의사도 법조인과 마찬가지로 최고의 전문직에 속하는 직업이다.

　기존의 의료인에 관한 감정노동의 연구는 대부분 간호사를 중심으로 이루어졌다. 그러나 최근 감정노동에 대한 인식이 변화하면서 간호사를 포함한 의료인의 감정노동에 관한 연구가 일부 진행되었다. 다만, 의사만 단독으로 감정노동을 연구한 사례는 없다는 것이 아쉬웠다. 정신병원 종사자의 연구에서 유종연_2019은 의사는 사회적·법적으로 직무자율성과 전문성이 보장되는 대표적 고학력 직종이라고 언급하며, 감정노동에 대한 부담이 적고 직무스트레스를 줄일 수 있는 보호요인인 성취감, 휴식, 적절한 보상 등이 다른 직종에 비해 높다고 언급하고 있다. Hochschild_1979는 위계적이고 폐쇄적인 병원 조직문화에서 사회적 지위, 전문성, 급여, 직무자율성 등이 차이 나는 동료와 함께 근무하는 것도 감정노동을 높인다고 했다. 즉, 의사의 사회적 지위, 전문성, 급여, 직무자율성은 간호사의 감정노동을 높이는 영향을 미친다는 것을 의미한다.

　여기에서 말하는 직무자율성이란 직무를 수행하는 절차와 계획을 결정하는 데 구성원에게 허용되는 자율적이고 독립적인 재량권의 정도를 의미한다_Hackman & Oldham, 1975. Morgeson & Humphrey_2006는 직무자율성의 하위 구성요소를 의사결정_decision-making의 자율성, 업무방식_working methods의 자율성, 업무계획_working scheduling의 자율성으로 구분했다. 이 중 업무방식의 자율성이란, 업무를 수행하는 방식을 스스로 결정할 수 있는 자유에 대한 독립성이 보장되는 것을 의미한다. 즉, 앞에서 설명한 감정표현규칙의 직업별 자유도가 직무자율성 중 업무방식의 자율성에 포함되는 의미인 것이다. 앞에서 의사의 감정표현규칙의 직업별 자유도가 높다고 언급한 내용이 정신병원 종사자의 연구에서도 확인되었다_유종연, 2019.

김학재_2015의 연구에서는 의사의 감정노동이 다른 직업과는 다른 특성을 꼽았다. 첫째, 긍정적 감정표현규칙인 친절함이 요구되며, 둘째, 환자나 보호자의 부정적인 감정에 관한 공감이나 위로의 표현이 필요하다고 언급했다. 마지막으로 의사의 중요한 결정에 관해 자신감이 넘치고 머뭇거리지 않는 전문인으로서의 자부심을 나타내야 함을 강조했다. 이러한 전문인으로서의 자부심을 나타내야 하는 부분이 의사에게 요구되는 중립적 감정표현규칙을 의미한다.

유종연_2019의 연구에서 의사는 상사를 상대로 한 감정노동에서 표면화 행위가 간호사보다 높게 나타났으며, 이에 관한 이유로 수직적이면서 이직이나 직업의 전환이 간호사보다 더 어려운 조직의 특성을 꼽았다. 즉, 의사는 자신의 상사에게 자신의 실제 감정과는 다른 감정을 표현하는 일이 간호사보다 빈도가 높다는 것이다. 이는 최고의 직업으로 생각되는 법조인과 마찬가지로 조직의 유연성이 다른 조직에 비해 적다는 것을 의미하기도 한다. 최근 법조인의 경직된 조직의 특성에 관한 폭로가 미투운동을 통해 나오기도 했다. 의사 조직도 간호사 조직에 비해 유연하지 못하다는 것이다. 이러한 이유로 의사는 상사와 환자에게 표면화 행위를 거의 비슷하게 하는 것으로 나타났다. 다만 동료를 대할 때는 감정부조화가 가장 적었다.

지금까지 의사에 관한 감정노동 연구를 살펴보았다. 아쉬운 점은 의사 직업에서 표현할 수 있는 감정표현규칙에 관한 심도 있는 연구를 찾을 수 없었다는 점이다. 그러나 의사가 직업적으로 감정노동이 발생하는 것을 확인했고, 이것이 의사 직업의 특성에 따른 것임을 알 수 있었다. 또한, 직업의 사회적 지위가 높고 직무 자율성이 높은 것이 감정노동의 부담을 줄이는 다양한 보호요인인 성취감, 휴식시간, 적절한 보상과 연관이 있다는 것을 확인했다. 휴식시간은 일본의 감정노동자 보호법의 상세한 사례와 같다. 감정노동이 '약'인 사건에 장시간 여러번 노출되면 감정노동을 '중'이나 '강'으로 상향시키는 것과 같다. 적절한 휴식시간은 감정노동을 줄일 수 있다.

E M O T I O N A L

L A B O R

PART 5

부정적
감정노동이란?

CASE
#08

부정적 감정노동의
부작용

★ ★ ★ ★ ★ ★ ★

윤 대리는 최근 이직률이 50%에 육박하고 있는 신입팀의 팀장인 신 대리와 회의장에 앉아 있다. 오늘은 월보고 회의가 열리는 날이다.

신대리　이직률 때문에 오늘 회의에서도 깨지겠어요.

윤대리　아니, 왜들 갑자기 그만둔대요?

신대리　다 제 탓이에요.

윤대리　그게 무슨 말이에요. 그럴 수 있죠. 회사 다니다 보면 이런 일도 있고, 저런 일도 있는 거죠.

신대리　저희 아버지가 군인이세요.

윤대리　…. (무슨 의미인지 몰라 눈을 동그랗게 뜬다.)

신대리　어렸을 때부터 명령조로 하는 이야기를 들으면서 자라서 제 아랫사람들에게 어투가 좋지 않아요. 명령조로 말하는데 목소리도 크고 덩치도 크니 사원들이 위협적으로 느꼈나 봐요. 전에도 알고 있었는데, 이렇게 다들 갑자기 그만두니까 정말 말투를 고쳐야겠다는 생각이 드네요.

윤대리　그랬군요. 전 워낙에 신 대리님이 친절하셔서 몰랐네요.

신 대리는 인상이 험악하고 덩치가 큰 남자 사원으로 동료나 상사에게는 더없이 친절했다. 그러나 아랫사람에게는 전달사항이 있으면 무조건 자신의 자리 옆에 서 있게 하고 언성을 높이는 등 예의나 존중은 찾아보기 힘들었다. 팀의 이직률이 높아지자 해결책으로 신 대리는 회

식을 하는 등 노력을 보였다. 그러나 그때뿐이었다.

사실 신 대리에게는 그의 행동과 똑같은 아버지가 있다. 자신이 무엇을 해도 칭찬받지 못하고 조금만 잘못해도 폭력을 행사하는 아버지는 참기 힘들었다. 아버지를 경멸하는 그였지만, 오늘 그는 자신의 모습에서 아버지를 본다.

부정적 감정노동은 긍정적·중립적 감정노동에 관한 연구에 비해 거의 찾아볼 수 없었다. 종종 부정적 감정표현 억제에 관련된 연구가 있을 뿐이다.

부정적 감정노동은 격앙된 정서인 공포, 공격성, 경멸, 위협 등 부정적인 정서를 표현해야 하는 직업에서 나타나는 감정노동이다_Ashforth & Humphrey, 1993. 이에 해당하는 직업은 경찰관, 불만 고객 전담팀, 채권추심 관리자, 조사관, 교도소 관리자 등이 있다. 특징적인 것은 부정적 감정노동에 해당하는 직업군의 연구는 감정노동이라는 용어보다 직무스트레스 등 다른 감정관리 및 통제가 필요한 변수를 사용하고 있었다. 이것은 부정적 감정노동이 적용되는 직업군의 종사자가 자신이 감정노동자라고 인식하지 못하는 결과를 낳고 있다.

직장 내에서의 감정이 통제되지 못하면 그것은 개인적인 공간으로 침투하게 되며 심한 경우 정신장애로 이어진다. 앞의 에피소드에서 직장에서 요구되는 부정적 감정노동의 정서가 개인적인 공간으로 연결된 사례를 보았다. 공과 사는 구분되어야 하지만 보통은 직장에서의 행동 패턴을 가정에서도 그대로 행하게 되는데, 이것은 가족에게 심리적 감정소진을 일으킨다. 부정적 감정노동이 적용되는 직업은 긍정적·중립적 감정노동에 해당하는 직업보다 정신적인 충격이 훨씬 큰 직업군으로, 이들에 대한 감정노동자 보호법의 적용이 가장 시급한 실정이다.

CASE
#09

부정적 감정노동이
요구되는 직업군

★ ★ ★ ★ ★ ★ ★

1. 경찰관

경찰은 최일선에서 국가의 안전 보장과 국민의 생명·신체 및 재산의 보호, 공공의 안녕과 사회질서 유지를 목적으로 하는 조직이며, 이러한 경찰 활동은 오늘날 모든 국가의 기본적으로 필수적인 기능과 의무이다_윤현석, 이동원, 2012. 오늘날 경찰관의 직무환경은 급속한 변화를 수반하고 있는데, 이러한 변화로 인해 경찰관들은 직무수행과정의 다양한 어려움에 직면하고 있다. 경찰관은 범죄의 예방과 진압은 물론 다양한 비권력 활동과 봉사활동을 수행할 것을 요구받고 있으며, 전반적인 인권과 권리의식의 신장으로 정당한 법 집행에 있어서 시민의 무조건인 순응을 기대하기 어려워지고 있다. 또한 범죄의 흉포화, 광역화, 지능화는 범죄자 진압과 사건 해결에 높은 위험에 노출되도록 만든다. 따라서 경찰업무의 특성으로 복잡성, 난해성, 위험성, 돌발성 등이 한층 더 두드러지고 있다_문유석, 2009.

경찰관은 업무 중 참혹한 범죄현장 목격, 강력범과의 대치 및 피습, 자살자 및 교통사고 현장 목격, 생명을 위협하는 안전사고 등 다양한 외상사건에 반복적으로 노출되는 직업군 중 하나이다_이정현 외, 2015. 외부로부터 주어진 충격적인 사건에 의해 입은 심리적 상처를 외상_trauma이라고 정의하는데_권석만, 2013, 이러한 외상으로 인한 극심한 스트레스를 적절하게 관리하지 않으면 외상

후 스트레스 장애_PTSD 등을 포함해 다양한 정신과적 문제가 발생할 수 있다_이승환, 2019. 특히, 각종 재난과 범죄사건의 현장에 투입되어 외상에 반복적으로 노출되는 소방관, 경찰관, 군인 등의 직업군은 PTSD로 이환되기 쉬운 고위험 직업군에 해당한다_김세경, 이동훈, 장벼리, 천성문, 2015.

경찰관은 극심한 감정노동으로 인하여 심리적 고통과 스트레스를 경험하고 있다. 국제노동기구_ILO의 국제산업재해자료에 의하면 경찰관은 외상 후 스트레스 장애_PTSD, 직무스트레스, 알코올 및 물질사용 장애, 근골격계 질환이 많은 직업군으로 분류되고 있다_변영석 외, 2015. 이것은 치안정책연구소가 발간한 보고서에서도 볼 수 있는데, 지역 경찰 649명을 대상으로 조사한 결과, 외상 후 스트레스 장애_PTSD 저위험군 48명, 고위험군 80명으로 총 128명_19.7%이 외상 후 스트레스 장애를 보인 것으로 나타났다_치안정책연구소, 2015. 경찰관은 감정노동으로 인한 후유증으로 분노, 알코올 중독, 대인기피증 등 정신질환의 위험성이 높아지며 심각한 경우는 가족해체를 경험하기도 한다_성영태, 2012.

이렇게 경찰관에게서 자주 나타나는 외상 후 스트레스 장애_PTSD는 실제적이거나 위협적인 죽음, 심각한 부상 또는 성폭력에의 노출이 있고 난 뒤에 인지와 감정의 부정적 변화가 일어나는 것을 의미한다. 외상 후 스트레스 장애에서 생길 수 있는 트라우마_trauma는 감당하기 힘든 외부적 자극으로 발생한 내적 상처를 의미하는 것이다. 평화로운 삶에서는 볼 수 없는 극한의 사건 경험으로 인한 트라우마는 첫째로는 폭력 또는 공격적 행위에 의해 유발된 신체적 상처나 충격을 의미하며, 둘째, 심리적 손상 혹은 고통을 유발하는 경험을 지칭한다_아주대학교, 2008. 임무 수행을 위해서 경찰관은 종종 무감정_emotional death 상태가 되어야 한다_Pestonjee, 1992. 경찰관과 비슷한 업무 상황이 많은 소방관도 마찬가지다. 이들은 취객이나 자살소동을 벌이는 민간인을 제지하고 나면 한동안 정신이 돌아오지 않는 것 같은 느낌이 든다고 한다. 일선 지구대의 주취자 처리는 전체 사건의 21.4%에 달하여 경찰 업무의 상당한 부담으로 작용하는 것으로 나타났다_경찰혁신기획단, 2010.

외상사건에 장기적으로 노출되거나 경험한 후에 적절한 심리치료가 이루어지지 않으면 PTSD로 변화될 가능성이 높으며, 이는 칼에 베인 상처를 치료하지 않아 파상풍이 생기는 경우와 같이 상처가 심해져 심리적·정신적 문제를 일으키게 되는 것으로 정리할 수 있다_소방방재청, 2011. PTSD의 주요 증상으로는 우울, 불안, 공격성, 강박, 공황장애, 회피, 환청, 환각, 재경험_flashback, 환시, 자해, 폭행, 자살 시도 등 다양한 형태로 나타난다. 초기에는 주로 심한 불안감, 혼란스러움, 멍해짐 등이 나타나며 환각, 환청, 환시 등을 경험한다. 만성화될 경우에는 불안감, 공격성, 우울감, 자해, 공황장애 등의 증상으로 이어질 수 있다. 2013년 경찰청 발표 자료에서 17,311명의 경찰관 중 82.4%가 외상사건을 경험했으며 30.1%가 PTSD 증상을 경험한 것으로 나타났다.

이러한 경찰을 부정적 감정노동이 적용되는 직업에 포함시킨 이유는 다음과 같다. 다양한 연구에서 경찰관의 감정노동에 관해 연구를 진행하였으나, 긍정적·중립적·부정적 감정노동에 관한 연구는 거의 찾아보기 힘들었다. 경찰관에 관한 연구의 대부분이 경찰의 평소 업무인 미소나 친절을 표현해야 하는 긍정적 감정노동을 적용해 진행되었다. 경찰의 가장 힘든 부분은 치안 현장에서 술에 취해 횡포를 부리거나, 경찰관을 폭행하는 등 서비스업계에서는 경험하기 힘든 심각한 수준의 감정노동을 경험한다는 것이다. 이러한 주민의 행동을 멈추기 위해서는 '이러시면 안 됩니다!', '이러시면 법적으로 불리하게 적용되실 수 있습니다!' 등의 위협이나 경멸의 강한 어조로 의사를 전달해야 한다. 이렇듯 경찰관 대부분의 업무는 중립을 지켜야 하는 중립적 감정노동이나 상대방의 폭력적이고 과격한 언행을 중단해야 하는 부정적 감정노동에 해당한다.

이것은 조직에서 경찰관에게 요구하는 감정노동, 즉 자신의 감정이 무감정 상태인 중립적 감정노동을 적용하거나, 화가 난 상태인 부정적 감정노동을 적용해야 하는 감정노동 상황에 노출되는 것을 의미한다. 경찰관의 감정노동을 감소시키기 위한 방안에서 이런 상황을 무시하고 긍정적 감정노동으로만 접근한다면 경찰관의 감정노동을 보호하기에 제한적이며, 앞에서 설명한 다양한 정신장애로부터 보호하기 힘들다. 다양한 연구에서 경찰관의 감정노동은 다른 서비스 직종과 구분되어야 하고 인권 보호와 다양한 정신장애가 발현될 수 있는 상황에 대한 보호제도가 필요하다는 언급이 있다_성영태, 2012. 그러나 구분되어야 하는 기준이 무엇인지에 관해 명확히 언급하지 않았다. 이것은 직업별로 감정노동과 감정표현규칙에 관한 연구가 깊이 있게 필요함을 보여준다.

기본적으로 긍정적인 감정은 인체에 해로운 영향을 미치는 감정이 아니기 때문에 자신의 감정이 수용적이라면 긍정적 감정노동은 감정노동을 유발하지 않고 오히려 긍정적 감정을 상승시키는 것으로 많은 연구에서 확인되었다. 그러나 '분노'나 '화'와 같은 부정적인 감정은 다르다. 자신이 실제로 분노가 일어난 상황이 아니더라도 분노를 표현하는 상황에서 우리의 뇌는 실제로 자신이 화가 났다고 판단할 수 있다. 이런 상황의 뇌는 스트레스 호르몬인 '코르티솔 호르몬_급성 스트레스에 반응해 분비되는 물질'을 분비시킨다. 같은 원리로 감정노동자에게 감정노동 해소방안으로 '웃음 치료'를 진행하기도 한다. 실제로 행복한 상황이 아니지만, 행복하다고 뇌를 속여 '도파민_행복감을 느끼는 신경전달물질'의 분비를 촉진한다.

코르티솔 호르몬은 스트레스와 같은 외부 자극에 대항하기 위해 신체의 각 기관으로 많은 혈액을 방출시키며 근육 긴장, 감각기관의 예민함이 증대되는 등 다양한 신체 증상을 유발한다_네이

버 지식백과. 이는 장기화될 경우 근조직 손상이나 면역기능 약화, 성기능 저하의 결과로 이어진다. 한 연구에서 스트레스를 받은 아이의 혈액을 저녁에 검사한 결과, 코르티솔 호르몬이 분비된 것이 확인되었다. 아이가 자고 일어나 아침에 다시 혈액을 검사한 결과, 코르티솔 호르몬은 여전히 체내에 남아 있었다. 감정노동이나 스트레스가 인체에 미치는 영향을 강조하는 것은 이처럼 오랜 시간 동안 체내에 남아 천천히 인체에 악영향을 미치기 때문이다. 이것이 장기화된다면 체내에 질병이나 수명의 단축과 같은 결과로 이어진다는 것을 의미할 수 있다.

보이지 않는 신체 증상은 **표 22** 한국인의 평균 기대수명과 **표 23** 공무원 연금 수령자 직종별 평균 사망연령을 살펴보면 더욱 확연해진다.

표 22 한국인의 평균 기대수명

	1970	1980	1990	1996	2000	2006	2010	2015	2016
평균	62.3	66.1	71.7	74.2	76.0	78.8	80.2	82.1	82.4
남자	58.7	61.9	67.5	70.2	72.3	75.4	76.8	79.0	79.3
여자	65.8	70.4	75.9	78.3	79.7	82.1	83.6	85.2	85.4

출처_통계청, 2016년 생명표 보도자료

다양한 직업군 중 부정적 감정노동이 적용되는 직업의 평균 사망연령이 낮다는 것은 주목할 만한 결과이다. 표22 에서 한국인의 평균수명은 2016년에 82.4세인 데 반해 표23 에서 소방관의 평균 사망연령은 70세, 경찰관의 평균 사망연령은 73세였으며, 중립적 감정노동에 해당하는 법관 중에서 부정적 감정노동이 가장 많이 적용된다고 언급된 검사의 평균수명도 74세로 확인되었다. 이에 반해 긍정적 감정노동이 적용되는 교육직은 77세로 가장 낮은 소방관보다 7년이나 높은 것으로 확인되었다. 그러나 평균 사망연령이 가장 높은 교육직도 한국인의 평균수명인 82.4세보다 5.4세가 낮았다. 특수경력직 공무원에 속하는 정무직이 평균수명인 82세와 거의 비슷한 수치가 나온 것도 눈여겨볼 필요가 있다.

표 23 공무원 연금 수령자 직종별 평균 사망연령

	2012	2013	2014	2015	2016	평균
소방관	·67	67	72	68	70	69
경찰관	72	72	73	74	73	73
교육직	76	76	77	77	77	77
법관검사	74	69	71	81	74	74
정무직	78	83	79	82	85	82

출처_진선미 국회의원 보도자료

이처럼 직종에 따른 평균수명이 의미 있는 차이를 보인다면 해당 직종에 관한 신체적·정신적 피해의 원인을 파악해 산업재해로 인정해야 한다. 국내에서 감정노동자 보호법이 시행되었지만, 아직도 감정노동직을 서비스노동직으로 한정해 제한적인 직업에만 국한해 적용하고 있다. 눈에 보이지 않는 정신적인 피해에 관해서 직종별로 서로 다른 보상체계를 가져서는 안 된다고 생각한다. 직종별 평균 사망연령이 낮은 직업군은 그 이유에 관해 상세한 분석을 통해 해당 직종을 신체적·정신적으로 보호할 수 있는 다양한 보호장치를 구축해야 하며 이에 관한 보상체계를 동일한 기준으로 적용해야 할 것이다.

2. 소방관

현대사회는 재난과 재해로부터 자유롭지 못하며 안전에 대한 관심은 점차 높아지고 있다. 이로 인해 소방공무원은 국가와 국민의 위급한 상황에서 구조 및 구급 활동을 진행할 뿐만 아니라 다양한 대민 활동으로 소방서비스의 범위가 넓어지는 추세이다. 이는 이전의 소방공무원의 주요 업무인 화재진압 이외에 다양한 재해재난의 구조·구급 활동 및 긴급지원을 포함해 수행하는 많은 업무들을 의미한다.

국가직과 지방직으로 이원화된 소방공무원이 2020년 4월 1일부터 국가직으로 전환되며 이러한 구급활동 및 긴급지원이 더욱 조직적으로 진행되고 있다. 최근 발생한 코로나19, 강원도 산불화재와 집중호우로 인한 홍수피해에서 전국 소방공무원의 조직적인 활약상은 뉴스에서 종종 확인할 수 있다.

소방조직은 이처럼 화재 및 재난 현장 등의 위급한 상황에 출동해 국민의 생명과 신체 및 재산을 보호하는 중대한 역할을 수행하는 것을 목표로 삼는다. 이는 각종 사고현장에서 자신의 신체적·정신적 안전을 보장받지 못하는 위급상황이 발생할 수 있는 위험 상황에 노출되어 있음을 의미하기도 한다. 이러한 다양한 이유로 소방공무원은 근무시간 동안 경찰이나 군인 등 제복 근무를 하는 타 직군에 비해 더 경직되고 긴장해야 하며 그에 따른 스트레스 강도도 매우 높다_지성연, 2018.

또한, 화재진압 등의 재난활동 시 신체 보호를 위한 방화복 등 25~30kg의 개인 보호장비를 착용 및 휴대하고 작전에 투입되어 신체적인 피로도 높은 수준이다. 특히 출동 소방차의 사이렌은 소방차량 제작기준에 의해 90dB를 유지해야 하므로 소방공무원은 단발성 소음이 아닌 출동과 동시에 현장 도착까지 골든타임 5분 내, 때로는 10분 이상 소음에 노출된다. 이러한 근무환경은 소방공무원을 정신적·신체적으로 이중의 긴장감을 경험하게 한다. 그뿐만 아니라, 수많은 경우의 사례를 통한 작전회의와 훈련으로 현장을 준비하지만, 업무 중 순간적 판단을 지속적으로 요구하는 상황에 놓이기 때문에 극심한 긴장과 스트레스는 2차 사고의 가능성을 높이는 요인이 되기도 한다_지성연, 2018.

소방공무원의 다양한 활동은 전문가로 자긍심도 갖게 하지만 현장 활동 중 생기는 생활민원, 비응급환자 및 주취자의 폭력 등은 직무에 대한 상실감과 때로는 트라우마로 나타나기도 한다_지성연, 2018. 소방공무원의 직무에 대한 상실감은 역할의 모호함과 불확실성이 다분한 업무에서 일어나는데, 단순 문 개방, 주취자, 벌집 제거, 조류 구출, 야생고양이 포획 등 비긴급성에 대한 출동이 바로 그러한 경우에 해당한다. 특히, 앞의 소방공무원 에피소드와 같이 주취자의 폭행 및 폭언은 조직의 사기를 떨어트리며 직무에 부정적인 영향을 미치는 큰 요인으로 작용하고 있다.

국내 소방공무원의 건강영향조사에서 직무스트레스와 건강영향을 조사한 결과, 일반 성인과 비교해 우울증이 3배 이상으로 나타났으며, 외상 후 스트레스 장애는 5배 이상 높은 것으로 조사되었다_이병남, 2017. 소방청에서 2014년 실시한 '전국 소방공무원 심리조사' 결과에서도 소방공무원의 우울증의 비율은 일반인의 4.5배로 나타났으며, PTSD를 겪는 비율은 10배 이상 높은 것으로 나타났다. 지난 5년간 자살한 소방공무원은 44명으로, 순직한 소방공무원 21명의 두 배를 웃도는 상황이다_정태식, 2017. 이것은 또한 사건사고 현장을 그대로 목격할 수 있는 소방공무원 직업의 특성을 고려하여 직업적 안전을 위한 제도가 마련되고 이행되고 있는지에 관한 연구가 필요함을 보여주기도 한다.

소방공무원의 스트레스는 직무활동 스트레스와 생활환경 스트레스로 구분된다_지성연, 2018. 해당 연구에서는 직무활동 스트레스와 생활환경 스트레스에 관해 구체적으로 언급하고 있는데, 정의는 다음과 같다. 직무활동 스트레스는 재난활동을 위한 준비 단계부터 업무인계 후 퇴근하는 순간까지 긴장된 마음으로 대비하며, 현장 상황의 2차 안전사고의 위험성까지 위협받는 업무 스트레스를 의미한다. 생활환경 스트레스는 좁고 제한된 공간에서 출동 준비 과정에서 느끼는 다양한 스트레스를 의미한다.

지금까지 언급한 소방공무원의 직무활동의 특성을 요약하면 **표 24** 와 같다.

표 24 소방공무원 직무활동의 특성

소방관 직무 활동의 특성	내 용	연구자
소방직무의 위험성	재난 출동 및 현장 활동 중 위험과 유독가스 등에 노 출되어 위험에 직면하게 된다.	남문현, 2010
소방직무의 불확실성	현장 활동은 대기근무 중 출동지령을 통하여 시작되 며 선착대의 현장 상황보고가 나오기까지 긴장 상태 가 지속된다.	김경식, 2011
소방직무의 대기성	24시간 재난 출동에 대비하여 3팀 2교대로 대기하 며 긴장으로 인한 생리적 문제, 불규칙한 식사 등이 스트레스를 야기한다.	김경식, 2011
소방직무의 전문성	행정과 화재진압, 구급, 구조, 운전, 통신 등 다양한 직무에 따라 이론과 실제를 겸비한 대처능력을 가져 야 한다.	신봉수, 2005
현장활동의 가외성	재난현장의 불확실한 상황에 대비한 인력과 장비, 전술 등이 준비되어야 한다.	남문현, 2010
현장활동의 긴급성	모든 재난은 긴급한 상황에 있으며, 빠른 대처를 통 하여 피해를 최소화할 수 있다.	김학태, 2009
소방행정의 복합성	재난은 다양한 환경적 변수가 존재하며 관계 기관 협조를 통하여 신속한 대처가 필요하다.	신태규, 2005

출처_정기성, 천창섭, 김창섭(2011), 소방학 개론

소방공무원의 직무 역할에 따른 스트레스를 더 구체적으로 언급하면 다음과 같다. 출동 시 현장에 대한 부족한 정보와 불확실한 상황에 대한 두려움으로 인한 스트레스, 현장에서 목격하는 처참한 환경과 구급 환자와의 갈등, 폭력 등의 스트레스가 있다. 또한 소방 활동의 특성상 펌프차를 중심으로 하나의 팀으로 구성되

어 활동하는데 팀 전체에서 오는 직무스트레스가 발생할 수 있다. 이러한 직무특성은 소방공무원이 사고나 질병으로 연결되는 만성적 소진상태를 경험할 가능성이 높은 것을 의미하며_지성연, 2018, 이로 인한 삶의 질 저하와 가정 내 삶이나 공동체 사회에서의 생활을 영위하는 데 어려움이 따를 수 있다_오진환, 2006.

2015년 소방공무원 안전 및 보건 실태조사 보고서에 의하면, 현장직 소방공무원에 대한 민원인의 신체 및 언어폭력에 관한 설문조사에서 37.9%_3,057명가 '경험이 있다'라고 응답하였으며, 119 종합상황실 근무자의 81.2%가 본래의 감정을 숨기며 업무를 수행한다고 응답하여 소방공무원 감정노동의 심각성 및 빈도가 상당하다는 것을 알 수 있다.

이러한 극단적인 경험에 관해 경찰관이나 소방관은 언제나 사용할 수 있는 휴가와 상주하는 상담사가 필요하며, 그 외에도 좀 더 적극적인 복리후생이 필요하다_치안정책연구소, 2015. 이에 경찰 마음동행센터_구 경찰트라우마센터를 설립해 경찰관의 건강한 정신건강을 유지하도록 돕고 있다. 2017년에 경찰 트라우마센터를 경찰 마음동행센터로 개칭하여, 서울 2개소, 부산, 광주, 대전, 경기 남부 등에서 6개소를 운영 중이다.

CASE
#10

다양한 감정노동이
적용되는 직업군

★ ★ ★ ★ ★ ★ ★

앞에서 설명한 업무에 의한 심리적 부하 평가기준에서 감정노동 횟수가 잦은 경우 '약'에서 '중'으로, '중'에서 '강'으로 업무강도를 높여서 적용했다. 이러한 심리적 부하를 판단할 때 횟수뿐 아니라 다른 거래처와 곤란한 조정을 해야 하는 등의 업무의 복잡성에 관해서도 고려했다. 즉, 업무의 다중성과 복잡성은 감정노동이나 직무스트레스를 높이는 역할을 하므로 이에 관해 적용한 것이다.

긍정적·중립적·부정적 감정노동은 각각의 개념이 단일차원이 아닌 다차원적인 개념이다_p.60 참조. 즉, 긍정적 감정노동과 중립적 감정노동 그리고 부정적 감정노동은 한 사람이라고 해도 같은 연구에서 동일한 결과를 보이지 않고 각각의 요소로 적용된 결과를 보여준다. 한 직종에서 표현해야 하는 감정표현규칙이 하나 이상인 경우 위에서 언급한 업무의 다중성에 속한다.

다양한 감정노동이 적용되는 직업군은 경찰관과 소방관이 대표적이다. 평소 일반적인 업무에서는 긍정적 감정표현규칙이 적용되고, 법적인 문제에 관해 설명할 때는 중립적 감정표현규칙이 적용된다. 마지막으로 범죄자나 주취자를 대면할 때와 같이 부정적인 언행을 멈추게 하는 현장에서는 부정적 감정표현규칙이 적용된다.

앞에서 살펴봤던 표22 의 한국인의 평균수명 대비 표23 의 직업별 공무원 연금 수령자의 평균 사망연령을 다시 한번 비교해

보자. 다양한 직업군에서 근무 중 발생하는 정신적·신체적인 충격에 의해 퇴직 직전이나 직후에 원인을 알 수 없는 질병에 걸리는 사례가 다수 있는 것으로 확인되었다. 표23 과 같이 공무원 연금 수령자 직종별 평균 사망연령을 2012~2016년 평균으로 보면 소방관 69세, 경찰관 73세, 법관검사 74세, 교육직 77세로 나타났다. 이는 한국인의 평균 기대수명의 남녀평균인 82.4세에 미치지 못하는 결과이다. 수명에는 유전적 요인, 환경적 요인 등 다양한 요인이 있겠지만, 해당 직업군의 사망연령 평균이 지속해서 낮은 결과를 나타내는 것은 학문적으로도 주목할 만한 결과라 할 수 있겠다.

표 22 한국인의 평균 기대수명

	1970	1980	1990	1996	2000	2006	2010	2015	2016
평균	62.3	66.1	71.7	74.2	76.0	78.8	80.2	82.1	82.4
남자	58.7	61.9	67.5	70.2	72.3	75.4	76.8	79.0	79.3
여자	65.8	70.4	75.9	78.3	79.7	82.1	83.6	85.2	85.4

출처_통계청, 2016년 생명표 보도자료

결과적으로 각 직업군에 직무스트레스와 감정노동에 관한 적절한 관리가 얼마나 필요한지 여실히 드러나는 항목이다. 이렇게 다양한 감정노동이 요구되는 직업군 중 특히 부정적 감정노동이 포함된 직업군은 감정노동의 강도가 훨씬 더 강할 수 있음을 감정노동자 보호법의 상세기준에 반영할 필요가 있다.

	2012	2013	2014	2015	2016	평균
소방관	67	67	72	68	70	69
경찰관	72	72	73	74	73	73
교육직	76	76	77	77	77	77
법관검사	74	69	71	81	74	74

표 23 공무원 연금 수령자 직종별 평균 사망연령

출처_진선미 국회의원 보도자료

E M O T I O N A L

L A B O R

PART 6

감정노동 해소
및 보호방안

CASE
#11

감정노동
보호 매뉴얼

★ ★ ★ ★ ★ ★ ★

고용노동부는 《감정노동 종사자 건강보호 핸드북》을 발간해 감정노동자를 보호할 수 있는 매뉴얼의 예시를 선보였다. 이처럼 각 직업에 맞는 매뉴얼을 작성해 감정노동 상황이 발생했을 때 발빠른 업무처리와 종사원을 보호하도록 훈련할 수 있다. 이것은 각 현장에서 매우 필요한 일이다. 표 25 는 '병원 재난의 정의 및 분류'이며, 이러한 코드명을 활용해 각 직업을 고려한 감정노동 보호 매뉴얼을 작성할 수 있다.

표 25 병원재난의 정의 및 분류

Disaster Code	Code Red	Code Blue	Code Yellow	Code Black
내용	병원 원내 재난	병원 원외 재난 (화학 재난)	병원 원외 재난 (생물학적 재난)	원거리 재난 (DMAT 출동)
세부구분	1.화재 2.단수 3.단전 4.침수 5.가스누출 6.미아(유괴) 7.테러위험 8.전산장애	숫자에 따라 구분 1.10-20명 2.20-50명 3.50-100명 4.100명 이상	1.1주일 이내 2.1주일-1개월 3.1개월 이상	DMAT 출동 사례

출처_재난대비 지역병원의 역할, 차원철, 2016

감정노동자가 가장 많은 서비스업계에서 사용할 수 있는 불만 고객 정도에 따른 코드명을 예시로 작성하면 그림 9 와 같다.

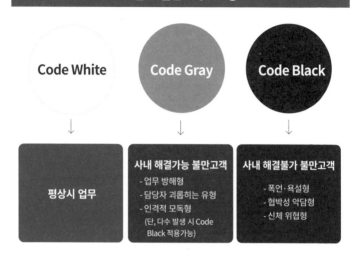

출처_진상 고객 갑씨가 등장했다, 윤서영, 2019

　이런 코드명에 따른 매뉴얼을 별도로 만들어서 종사원을 훈련
한다면 어떤 상황에서든지 미연에 방지해서 종사원의 정신적 충
격을 최소화할 수 있다. 코드 블랙_Code Black과 코드 그레이_Code
Gray의 예시로 대면 영업장의 대면 업무와 비대면 영업장의 비대
면 업무 매뉴얼을 살펴보면 다음과 같다. 여기에서 제시한 예시를
참고로 각 영업장에 맞게 수정·보완해 업무에 활용한다면 도움
이 될 것이다. 매뉴얼과 프로세스의 자세한 내용은《진상 고객 갑
씨가 등장했다_감정노동 보호 매뉴얼》_윤서영, 2019을 참고하자.
　아래 내용은 해당 도서에서 발췌한 부분이다. 먼저, 코드 블랙_

Code Black의 대면 영업장의 대면 업무의 매뉴얼이다. 코드 블랙은 사내 해결불가한 불만고객의 사례로 경찰의 도움을 받아 해결하는 방향으로 매뉴얼을 작성했다. 매뉴얼을 살펴보면 다음과 같다.

▌ 코드명 발령 방법 코드 블랙_Code Black/대면 영업장의 대면 업무

1. 응대하며 코드 블랙_Code Black이 확인되면 1분 내로 코드명 발령한다. 코드명 발령법은 영업장 시스템에 맞게 결정한다.

   (ex. 레스토랑은 이어마이크로 코드 블랙이라고 명명해 전 직원에게 알린다, AS점은 PC 메모로 전체 공지한다 등)

2. 담당자는 경찰 신고와 동시에 해당 직원을 보호하도록 다른 직원을 보낸다.

   통상적으로 불만고객 전담팀이 진행하나 전담팀이 없을 경우 경찰 신고와 직원보호 업무에 관해 미리 업무 분장한다. 비상시에는 가장 순위가 높은 직원(1순위)이 신고하며 신속한 처리를 위해 신고 직원과 직원을 도와주러 가는 직원은 분리한다.

3. 언행 중단을 요청하며 감정노동자 보호법에 적용됨을 고지한다.

   영업장의 설비에 따라 녹취나 CCTV에 녹화됨을 고지한다.

   (ex. 설비가 없는 경우 휴대폰 녹취 등 개인 장비 활용)

4. 상담실로 장소를 옮기도록 설득한다.

5. 경찰이 도착하면 함께 상담한다.

6. 계속 폭언·폭행하는 경우, 경찰서로 대동해 경위서를 작성한다.

   경위서 작성 시 매장에서 다시 난동을 부릴 시 법적인 사항을 알리고 서명하게 한다.

7. 상담 종료 후 담당자에게 휴식시간 30분 부여한다.

8. 사법 조치에 관해 법무팀에 의뢰한다.

9. CCTV, 증인 등 증거자료를 확보해 경찰에 제출한다.

10. 사법처리 여부를 결정한다.

   사법처리 상황에 따라 법무팀과 조율한다.

11. 고객불만 내용을 사실에 입각해 VOC를 작성한다.

   사실에 입각해 작성한다. 법무팀의 답변을 첨부한다.

12. 블랙리스트로 추가 시 불만고객 전담팀에서 결정한다.

13. 불만고객 전담팀은 보고서를 작성한다.

14. 접수한 VOC에 관해 본사 피드백이 오면 전체공지 후 직원을 교육한다.

❱ 각 번호에서 고객이 중단하고 수긍하는 경우 코드명을 종료하고 7번부터 진행한다.

출처_진상 고객 갑씨가 등장했다, 윤서영, 2019

매뉴얼은 텍스트로 이루어져 있다. 다소 복잡해 보일 수 있는 매뉴얼을 도식화한 것이 프로세스 맵이다. 프로세스 맵은 해당 직업군의 현장에 붙여놓고 사용 가능하며, 신입사원 교육 등 초보자가 이해하기에 매뉴얼보다 더 쉬울 것이다.

▌프로세스 맵 코드 블랙_Code Black/대면 영업장의 대면 업무

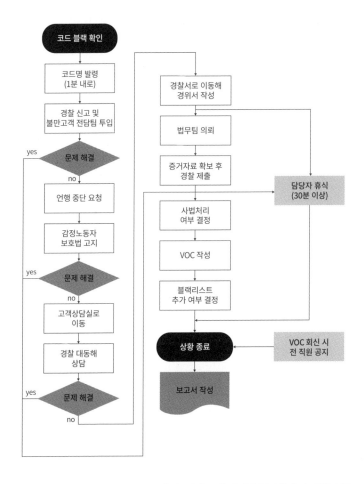

코드 블랙 확인

코드명 발령
(1분 내로)

경찰 신고 및
불만고객 전담팀 투입

문제 해결 — yes
no

언행 중단 요청

감정노동자
보호법 고지

문제 해결 — yes
no

고객상담실로
이동

경찰 대동해
상담

문제 해결 — yes
no

경찰서로 이동해
경위서 작성

법무팀 의뢰

증거자료 확보 후
경찰 제출

담당자 휴식
(30분 이상)

사법처리
여부 결정

VOC 작성

블랙리스트
추가 여부 결정

상황 종료

VOC 회신 시
전 직원 공지

보고서 작성

출처_진상 고객 갑씨가 등장했다, 윤서영, 2019

이번에는 코드 그레이_Code Gray의 대면 영업장의 대면 업무의 매뉴얼이다. 코드 그레이는 회사 내에서 해결하는 방향으로 매뉴얼을 작성했다. 코드 블랙과 코드 그레이가 어떤 차이점이 있는지 비교하며 살펴보도록 하자.

▌코드명 발령 방법 코드 그레이_Code Gray/대면 영업장의 대면 업무

1. 응대하며 코드 그레이_Code Gray가 확인되면 1분 내로 코드명 발령한다. 코드명 발령법은 영업장 시스템에 맞게 결정한다.

   (ex. 레스토랑은 이어마이크로 코드 그레이라고 명명해 담당직원에게 알린다, AS점은 PC 메모로 담당자에게 공지한다 등)

2. 불만고객 전담팀은 해당 직원과 고객과의 상담을 예의주시한다. 내부 규정에 따라 10분 이상 지연 시 담당자 투입, 15분 이상 지연 시 고객상담실로 이동 등 시간과 장소 기준을 정해놓는 것이 편리하다.

3. 언행 중단을 요청하며 감정노동자 보호법에 적용됨을 고지한다. 영업장의 설비에 따라 녹취나 CCTV에 녹화됨을 고지한다.

   (ex. 설비가 없는 경우 휴대폰 녹취 등 개인 장비 활용)

4. 상담실로 장소를 옮기도록 설득한다.

5. 불만고객 전담팀이 합류해서 함께 상담한다.

6. 계속해서 폭언하는 경우, 코드 블랙으로 업그레이드한다. 코드 블랙으로 업그레이드된 이후에는 코드 블랙의 매뉴얼에 따른다.

7. 상담 종료 후 담당자에게 휴식시간 30분 부여한다.

8. 사법 조치에 관해 법무팀에 의뢰한다.

9. CCTV, 증인 등 증거자료를 확보해둔다.

10. 고객불만 내용을 사실에 입각해 VOC를 작성한다.

   사실에 입각해 작성한다. 법무팀의 답변을 첨부한다.

11. 블랙리스트로 추가 시 불만고객 전담팀에서 결정한다.

12. 불만고객 전담팀은 보고서를 작성한다.

13. 접수한 VOC에 관해 본사 피드백이 오면 전체공지 후 직원을 교육한다.

▶ 각 번호에서 고객이 중단하고 수긍하는 경우 코드명을 종료하고 7번부터 진행한다.

출처_진상 고객 갑씨가 등장했다, 윤서영, 2019

이번에도 마찬가지로 텍스트인 매뉴얼을 프로세스 맵으로 도식화했다. 코드 블랙과 차이점을 살펴보기에 매뉴얼보다 프로세스 맵이 훨씬 쉬울 것이다.

▌ 프로세스 맵 코드 그레이_Code Gray/대면 영업장의 대면 업무

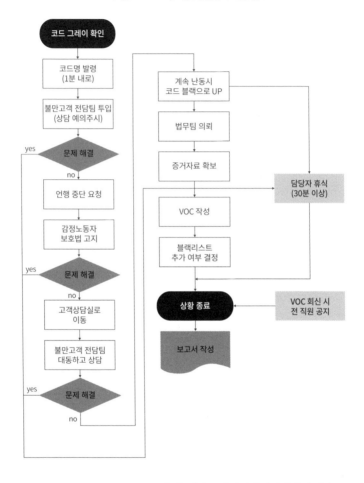

출처_진상 고객 갑씨가 등장했다, 윤서영, 2019

매뉴얼을 시각화한 것이 프로세스 맵이다. 매뉴얼로 교육하고 프로세스 맵을 영업장에 비치한다면 효율적인 직원 교육에 도움이 될 것이다. 매뉴얼과 프로세스 맵이 구비되어 있느냐는 얼마나 사원의 감정노동이 발생할 수 있는 모든 상황에 기업이 대비하고 있느냐와 같은 의미이다. 불만고객으로부터 종사원을 보호하기 위해 감정노동 상황에서 어디까지 생각하고 준비하고 있느냐를 여실히 보여주기 때문이다. 작은 업무부터 매뉴얼화하는 것을 연습한다면 도움이 될 것이다.

이번에는 코드 블랙_Code Black의 비대면 영업장의 비대면 업무 매뉴얼이다. 요즈음 코로나19로 인해 비대면 업무가 증가하는 만큼 비대면 영업장의 매뉴얼도 포함했다. 비대면 영업장의 매뉴얼은 '불만고객 전담팀'이 있다는 가정 아래 작성했다. 예시로 내용을 습득하고, 현장 업무에 맞게 수정해 이용할 수 있겠다.

▶ 코드명 발령 방법 코드 블랙_Code Black/비대면 영업장의 비대면 업무

1. 응대하며 코드 블랙_Code Black이 확인되면 1분 내로 코드명 발령한다. 코드명 발령법은 영업장 시스템에 맞게 결정한다.

   (ex. 고객센터는 담당 팀장과 불만고객 전담팀에 PC 메모로 공지한다 등)

2. 불만고객 전담팀은 해당 직원과 고객과의 상담을 예의주시한다.

   고객센터의 경우 해당 팀장이 상담을 모니터링하는 등 영업장 프로세스에 맞게 진행한다.

3. 폭언 중단을 요청하며 감정노동자 보호법에 적용됨을 고지한다.

영업장의 설비에 따라 녹취나 CCTV에 녹화되거나 전화 녹취됨을 고지한다.

4. 중단하지 않을 경우 전화를 먼저 종료함을 고지한다.

영업장의 상황에 따라 ARS로 재연결됨 등을 고지한다.

5. 계속해서 폭언하는 경우 선종료한다.

재인입되면 이후 어떻게 처리할지 미리 정해두어야 한다. (ex. 불만고객 전담팀은 OB_ OutBound를 진행해 계속해서 난동을 부릴 경우 내용증명 발송이 진행됨을 고지한다 등)

6. 선종료 후 재인입을 고려해 고객 번호에 메모하고 전 직원에게 공지한다. 메모에는 코드 블랙을 명명하고 간단히 내용 정리하며, 직원이 공지할지 팀장이 공지할지 미리 정한다.

7. 불만고객 전담팀이 고객에게 연락한다.

계속해서 난동을 부릴 경우 내용증명 발송 또는 경찰 신고가 들어갈 수 있으며 센터는 직원의 정신적, 신체적 피해보상 과정을 도울 의무가 있음을 고지한다.

8. 상담 종료 후 담당자에게 휴식시간 30분 부여한다.

9. 사법처리 여부를 결정한다. 사법처리 상황에 따라 법무팀과 조율한다.

10. 녹취 및 증거자료를 확보해둔다.

11. 고객불만 내용을 사실에 입각해 VOC를 작성한다.

사실에 입각해 작성한다. 법무팀의 답변을 첨부한다.

12. 블랙리스트로 추가할지 불만고객 전담팀에서 결정한다.

13. 불만고객 전담팀은 보고서를 작성한다.

14. VOC 결과에 본사 피드백이 오면 전체공지 후 직원을 교육한다.

❱ 각 번호에서 고객이 중단하고 수긍하는 경우 코드명을 종료하고 8번부터 진행한다.

출처_진상 고객 갑씨가 등장했다, 윤서영, 2019

코드 블랙_Code Black의 비대면 영업장의 비대면 업무 매뉴얼을
프로세스 맵으로 변환시키면 다음과 같다.

▶ **프로세스 맵** 코드 블랙_Code Black/비대면 영업장의 비대면 업무

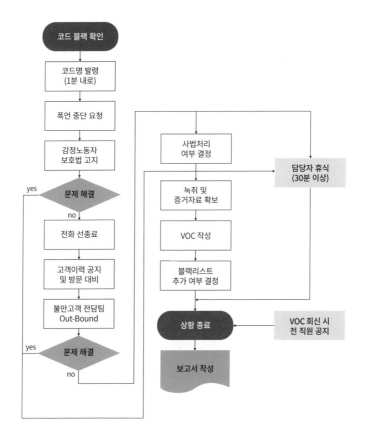

출처_진상 고객 갑씨가 등장했다, 윤서영, 2019

이번에는 코드 그레이_Code Gray의 비대면 영업장의 비대면 업무 매뉴얼이다. 통화를 지속하기 어려울 정도의 폭언을 하는 고객으로, 선종료를 기준으로 작성했다. 선종료가 어렵고 ARS 전환이 가능하다면 해당 내용을 수정·보완해 이용할 수 있다.

▶ 코드명 발령 방법 코드 그레이_Code Gray/비대면 영업장의 비대면 업무

1. 응대하며 코드 그레이_Code Gray가 확인되면 1분 내로 코드명 발령한다. 코드명 발령법은 영업장 시스템에 맞게 결정한다.

   (ex. 고객센터는 담당 팀장과 불만고객 전담팀에 PC 메모로 공지한다 등)

2. 불만고객 전담팀은 해당 직원과 고객과의 상담을 예의주시한다.

   고객센터의 경우 해당 팀장이 상담을 모니터링하는 등 영업장 프로세스에 맞게 진행한다.

3. 폭언 중단을 요청하며 감정노동자 보호법에 적용됨을 고지한다.

   영업장의 설비에 따라 녹취나 CCTV에 녹화됨을 고지한다.

4. 중단하지 않을 경우 전화를 먼저 종료함을 고지한다.

   영업장의 상황에 따라 ARS로 재연결됨 등을 고지한다.

5. 계속해서 폭언하는 경우 선종료한다.

   재인입되면 이후 어떻게 처리할지 미리 정해두어야 한다. (ex. 불만고객 전담팀은 OB_OutBound를 진행해 계속해서 난동을 부릴 경우 내용증명 발송이 진행됨을 고지한다 등)

6. 선종료 후 재인입이나 방문을 고려해 고객 Case를 간단히 정리해 전 직원에게 공지한다. 메모에는 코드 그레이를 명명하고 간단히 내용 정리한다.

7. 상담 종료 후 담당자에게 휴식시간 30분 부여한다.

8. 사법 조치에 관해 법무팀에 의뢰한다.

사법처리 상황에 따라 법무팀과 조율한다.

9. 녹취 등 증거자료를 확보해둔다.

10. 고객불만 내용을 사실에 입각해 VOC를 작성한다.

사실에 입각해 작성한다. 법무팀의 답변을 첨부한다.

11. 블랙리스트로 추가할지 불만고객 전담팀에서 결정한다.

12. 불만고객 전담팀은 보고서를 작성한다.

13. VOC 결과에 본사 피드백이 오면 전체공지 후 직원을 교육한다.

◗ 각 번호에서 고객이 중단하고 수긍하는 경우 코드명을 종료하고 7번부터 진행한다.

코드 그레이_Code Gray의 비대면 영업장의 비대면 업무 매뉴얼을 프로세스 맵으로 변환시키면 다음과 같다.

▶ 프로세스 맵 코드 그레이_Code Gray/비대면 영업장의 비대면 업무

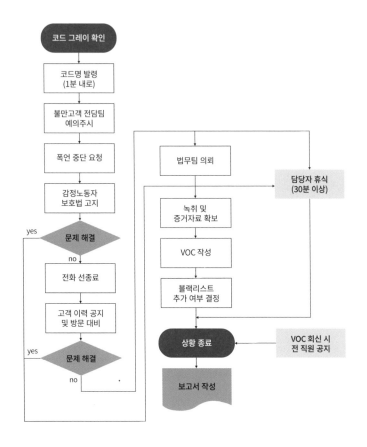

출처_진상 고객 갑씨가 등장했다, 윤서영, 2019

지금까지 감정노동을 보호해야 하는 상황을 코드명으로 분류하고 대면 영업장과 비대면 영업장의 특성에 따른 매뉴얼을 작성했다. 또한, 매뉴얼을 시각화한 프로세스 맵까지 예시를 들어보았다. 같은 대면 업무라도 각 영업장의 특성은 직무특성에 따라 다르다. 또한, 현재 코로나19라는 특수한 상황이 추가되어 감정노동 위험도를 측정하는 기준인 코드명과 매뉴얼 그리고 프로세스 맵은 영업장의 상황에 맞게 수정·보완해 작성하면 된다.

　이는 감정노동 현장에서 매우 중요하며, 사전에 종사원을 감정노동으로부터 얼마나 보호할 수 있는가를 보여주는 잣대이기도 하다. 자살 비율이 높은 직업군인 교사나 경찰, 소방관 등의 직업군에서 감정노동 보호 매뉴얼이 빠른 시기에 구축되기를 바란다.

CASE
#12

감정노동
해소방안

★ ★ ★ ★ ★ ★ ★

오늘은 소방관 워크숍에서 특강이 있는 날이다. 윤 원장은 300여 명의 소방관에게 질문한다.

윤원장 지금까지 많은 사람을 위해 애써주신 것에 대해, 대표의
        자격이 있는지 모르겠습니다만 대표해서 감사의 말씀을
        전합니다. 정말 감사드립니다. 지금까지의 사건을 떠올
        려 보면 많은 사건이 있었을 텐데요. 감정노동이 가장 심
        했던 것은 어떤 사건이었나요? 가장 충격적이었던 사건
        을 나눠주실 분 계신가요?

손을 든 몇 사람 중 한 사람을 윤 원장이 지목한다.

발표자 하루는 바닷가에서 죽겠다고 소리 지르는 분이 계셔서
        설득하고 설득해서 3시간 만에 방파제에서 내려왔어요.
윤원장 아~ 내려오셨다니 정말 다행이네요!
발표자 저도 처음엔 그렇게 생각했어요.
        내려와서 숨 좀 돌리고 왜 그랬냐고 물어봤죠. 그랬더니,
        아! 글쎄! 친구 세 명이 놀러 왔는데 두 명이 싸우길래 계
        속 싸우면 죽어버리겠다고 방파제에 올라갔다는 거예요.
윤원장 (황당한 표정으로) 그러니까 친구들이 싸워서 죽으려고 했다
        는 거죠?

발표자 (한숨을 푹 쉬더니) 지금까지 그래도 도움이 필요한 사람들에게 뭔가 해주는 것 같은 사명감이 있었는데, 그 말을 들으니까 '내가 지금 뭐 하는 건가?' 싶더라고요. 정말 다 때려치우고 싶은 마음이 들었어요. 허무하더라고요.

이후 이어지는 감정노동 해소 시간에 그 소방관은 앞으로 나와 빨간색 난타 채를 양손에 들고 미친 듯이 책상을 내려쳤다.

이번 파트에서는 감정노동 해소방안에 관한 연구와, 감정노동이나 감정표현규칙을 언급하지 않았더라도 스트레스 해소나 심리적 안정의 방법을 언급한 연구는 문헌 연구를 진행했다. 직업적으로 느낀 심리적 과부하 해소에 관한 연구를 모은 내용이다.

고용노동부의 《감정노동 종사자 건강보호 핸드북》에도 감정노동 해소에 관해 많은 기업의 해결방안을 제시하고 있다. 감정노동 해소방안은 다양하다. '감정노동자 보호법'이 시행되면서 기업은 종사원의 감정노동 수준을 완화할 이유가 생겼다. 현재 대기업에서 다양한 방법을 시행하고 있는 것으로 알고 있다. 도움이 될 수 있도록 간략하게 소개하고자 한다.

감정노동 해소는 쉽게 표현하면 스트레스 해소와 같다. 감정소진, 즉 내 마음의 불편감을 편안하게 만드는 과정이라고 이해하면 쉬울 것이다. 감정노동 해소는 몸을 활발하게 움직이거나, 크게 소리를 지르거나, 편안한 음악을 듣거나, 머릿속 생각을 내려놓거나, 몸을 이완시키거나, 깊은 심호흡을 하는 등의 모든 작업이 도움이 된다. 이런 이유로 최근 기업에서는 점심시간을 활용해 직원이 요가나 필라테스, 헬스와 같은 운동을 할 수 있도록 지원하기도 하며, 낮잠을 잘 수 있도록 휴게소를 온돌방으로 꾸미기도 한다. 또한, 몸의 이완을 위해 안마의자를 들여놓거나 안마사를 고용하기도 한다. 심리상담사가 상주하는 회사가 증가하고 있으며 웃음치료, 감정노동 해소 프로그램 등으로 종사원에게 행복감을 불러일으키는 강의를 듣게 하기도 한다. 앞으로 모든 직업의 정신건강을 위해 쉽게 접할 수 있는 다양한 커리큘럼이 개발되길 희망한다.

1. 산림치유 프로그램

질병이 발병된 이후 치료_건강관리에 임하던 과거와 달리 최근 '건강'의 의미는 건강한 상태를 유지하는 의미로 변화했다. 이는 인간 생활의 질을 높이는 것에 관심을 두는 건강 심리학_Health Psychology의 발전에서도 보여주고 있다_Orleans, 2004. 이러한 건강에 관한 관심의 증가와 함께 현대에 이르러서 정신건강도 신체건강과 마찬가지로 관리되어야 한다는 인식이 커지고 있다.

특히 자연에서 제공하는 쾌적함과 피톤치드 등의 자연 성분이 체내의 자율신경계와 면역기능에 긍정적인 영향을 미친다고 알려지며, 감정노동 해소방안으로 산림치유 프로그램을 도입해 효과를 검증하기에 이르렀다. 자연 중 산림은 마음치유에 이용하면 면역력이 강화되고 혈압이 완화되는 등의 신체적 효과와 함께 긍정감정 증진과 부정감정 감소의 효과로 정서적 안정을 얻을 수 있다. 이는 청각, 촉각, 시각, 후각 등 오감을 자극해 인체 내의 자율신경계에 다양한 긍정적 치유 효과를 준다는 것이 입증되었다_Choi and Park, 2010.

박석희 외_2017는 국립산림치유원에서 교원 대상의 '행복학교 에듀힐링 캠프'에 참가한 교사 중 234명을 대상으로 연구를 진행했다. 이 프로그램은 1박 2일 일정으로 호흡과 명상을 하며 자신의 감정을 깨닫고, 정서적 안정을 취하는 숲길 걷기, 족욕 마사지,

수중운동 등을 통해 신체 활력을 증진하고 처음 만나는 사람과 마음을 풀어내는 등 공감대를 형성하며 소통하는 프로그램으로 구성되었다. 그 결과, 스트레스 반응지수는 참가 전 20.14에서 참가 후 8.80점으로 유의미하게 감소했다. 사전 스트레스 반응지수는 담임교사가 26.46점으로 가장 높았는데, 참가 후 8.37점으로_p<0.01 통계적으로 유의하게 낮아졌다. 또한, 부정감정이 참가 전 17.96점에서 참가 후 11.97점_p<0.001으로 유의하게 감소했다.

해당 연구에는 산림치유를 기반으로 명상, 심리치료 등 다양한 치료기법을 병행했다. 교사의 감정노동과 직무스트레스가 높아짐에 따라 이런 힐링 프로그램이 개설되며 연구로 이어지고 있다. 해당 연구를 기반으로 다른 직업군에서도 프로그램을 활용할 것을 추천한다.

2. 심리치료 프로그램

대한신경정신의학회_2012에서 조사한 〈정신질환에 대한 한국인의 인식현황〉은 16~69세 사이의 국민 1,020명을 대상으로 전화 설문조사를 진행했다. '정신질환은 누구나 걸릴 수 있는 병이다'라는 질문에 87%는 '그렇다'라고 답하고, '정신질환자는 정상적인 삶이 가능하다'라는 질문에 66.4%가 '정상적인 삶을 누릴 수 있다'라고 답했다. 그러나 '정신질환자는 위험한 편이다'라는 질문에 73.1%가 '위험한 편이다'라고 답해 아직 국내 정신질환에 관한 인식은 개선의 필요가 있는 것으로 나타났다.

심리치료 프로그램은 이러한 대중의 인식에서 자유롭지 못하다. 특히, 생명과 치안에 관한 업무를 하는 경찰관, 소방관, 의료계, 법조인 등은 심리치료 프로그램에 열려 있어 접근이 쉬워야 한다. 정신건강도 신체건강과 같아서 조기에 치료하지 못하면 심각해지기 때문이다. 그러나 이러한 정신장애에 관한 대중의 인식이 심리치료가 필요한 이들에게 치료의 적기를 놓치게 하는 결과를 낳을 수도 있다. 이에 중립적 감정표현규칙과 부정적 감정표현규칙이 적용되는 직업군은 신입 교육부터 정신건강의 중요성과 실습을 포함할 필요가 있다.

표 26은 경찰관에 관한 선행연구를 요약한 표이다. 정책제언을 살펴보면 어떠한 심리치료 프로그램이 적용되는지 알 수 있다.

표 26 경찰관의 심리적 외상에 관한 선행연구의 요약

연구자	내용	정책제언
이지영 외 (2017)	임용 직후 충격적인 사건으로 인해 가장 스트레스를 많이 받음. 경찰서 내 전문상담가 상주 등을 건의.	직무스트레스 대응역량 및 인식 제고/퇴직 경찰공무원 활용 전문상담가 육성
김경태 (2017)	지구대, 생활안전, 형사, 교통경찰 등이 스트레스 장애점수가 높은 고위험군으로 나타남.	고위험군 경찰관에 대한 집중관리/주기적인 정신건강검사/해바라기센터와 연계 운영
이정현 외 (2015)	자기중심성(SD)은 자기존중감이나 책임감과 관련된 요인으로 외상사건으로 인한 심리적 어려움을 극복하는데 중요한 요인임.	자기존중감을 강화할 수 있는 심리지원 프로그램이 경찰공무원의 PTSD 증상 완화나 예방에 도움
한보람·김정규 (2014)	외상사건 경험의 수와 충격정도가 높은 경찰관은 직무스트레스가 높으면 PTSD가 더욱 증가함.	스트레스 해소 프로그램 제작 및 교육/퇴직·현직 경찰관을 선발하여 동료-지지에 대한 상담 실시
유재두 (2013)	스트레스의 대처 형태는 PTSD에 영향을 미침.	복지 차원의 치료/관련 법률의 마련

출처_강길주 외, 2018

이정현 외_2015는 자기존중감을 강화하는 심리지원 프로그램을 추천하고 있다. 이는 외상 후 스트레스 장애_PTSD의 증상을 완화해주고 예방에 도움이 된다고 한다. 한보람·김정규_2014는 스트레스 해소 프로그램을 제작하고 교육할 것과 함께 경찰업무가 생소한 일반 상담사보다 퇴직·현직 경찰관을 선발해 상담할 것을 권한다. 유재두_2013는 복지 차원의 치료와 관련 법률이 마련되어야 한다고 제언한다.

경찰관 외에도 고객센터 상담사나 항공사 승무원과 같이 감정노동이 높은 직업군은 심리상담사를 고용하는 기업이 늘어나고 있다. 그러나, 기업은 높은 연봉으로 고용한 심리상담사에게 직원이 직무로 인한 스트레스가 아닌 사적인 심리 문제를 해결하고자 할 때 어떻게 해야 하는가에 대해 고민하고 있다. 직무상으로 발생한 감정노동과 사적으로 발생한 감정노동의 경계를 어떻게 다루어야 할지의 문제가 생긴다. 이것은 매우 중요한 문제이다. 한 직원이 사적인 감정 해소를 위해 심리상담소를 이용한다면 직무로부터 받은 스트레스로 심리상담소를 이용하고자 하는 다른 사원의 시간을 빼앗는 결과를 낳기 때문이다. 이것은 결국 현재 심리학에서 개인적인 측면과 조직적인 측면의 경계를 잡아줄 학문의 부재에서 나타난 것으로 생각된다. '감정노동자 보호법'이 시행된 지 얼마 되지 않았다. 앞으로 기업에서 근무하는 심리상담사를 위한 기준이 마련될 필요가 있다.

인간의 심리는 매우 복잡한 측면을 가지고 있어서 유발된 정신장애가 직무로 인한 것인지 개인적인 원인으로 인한 것인지 판단하기 힘들다. 또한, 같은 사건에 노출되었어도 어떤 사람은 괜찮지만 어떤 사람은 정신장애 증상을 나타낸다. 정신장애의 취약성-스트레스 모델은 개인의 생물학적·유전적·인지적 요인이 특정 장애에 걸리기 쉬운 것을 의미한다. 즉, 스트레스에 약하거나 민감성·예민함 등의 성격적 특성이 심리적인 문제로 이어지기 더 쉽다는 것이다. 앞에서 살펴본 업무에 의한 심리적 부하 평가 기준_일본을 참고로 각각의 기업의 기준을 정하고 업무강도에 따라 직원의 정신건강을 심도 있게 살핀다면 도움이 될 것이다.

3. 마음챙김

마음챙김_mindfulness 용어의 어원을 살펴보면, 이는 고대 인도어인 팔리_pali어 "sati"의 우리말 번역어이다. sati는 일어나고 사라지는 몸과 마음의 현상을 감지하여 '알아차리는 것'을 의미하며, 알아차림_awareness 외에도 주의_attention 그리고 기억_remembering이라는 의미가 있다_C.K.Germer, et al., 2012.

마음챙김_mindfulness은 현재 경험하는 감각_시각, 후각, 청각, 미각, 촉각, 감정, 생각을 아무런 판단이나 집착 없이 있는 그대로 알아차리는 것을 의미한다_Jon Kabat-zin, 2013.

마음챙김 명상은 미국의 메사추세츠 주립대학 병원의 스트레스 감소 클리닉_Stress Reduction Clinic 등 많은 병원에서 심리치료_mindfulness-based psychotherapy 형태로 연구 및 활용되어 왔다. 이처럼 다양한 클리닉 연구소에서 마음챙김 명상은 우울증, 외상 후 스트레스 장애, 불안장애, 사회공포증, 불면증, 약물남용 등의 정신질환을 치유할 뿐만 아니라 암, 만성통증, 심장질환 등 신체적 질병 치료에도 긍정적인 효과를 미친다는 것이 임상 결과를 통해 확인되었다_Shauna L. Shapiro, 2009.

이러한 마음챙김 명상은 치료 목적으로 사용되는 것에 그치지 않았다. 일반인의 스트레스 해소로 정신건강을 증진하고, 주의력·집중력 등 사고능력을 향상시키며, 감성·공감·연민·지혜 등

잠재적인 인간의 심성을 계발하는 데 효과가 있다고 평가되어 사회복지, 비즈니스, 교육 등 다양한 분야에서 활용되고 있다_김기대, 2014.《명상을 통한 수행역량개발: 마음챙김-수용-전념 프로그램》_학지사, 2010에서 프로 운동선수의 경기력과 대기업 고위직 관리자의 업무성과 향상을 위해 적용한 예를 볼 수 있다.

이러한 마음챙김 명상의 수행방법은 일정 시간 정해진 방식으로 수행하는 공식 명상과 일상생활이나 사회활동을 병행하면서 수행하는 비공식 명상의 형태가 있다.

▌공식 명상_formal practice

의자나 바닥에 바르게 앉아 호흡부터 몸 전체의 감각, 감정, 생각을 알아차리는 정좌 명상_sitting meditation, 걸으며 바닥에 닿는 발바닥 촉감부터 발, 다리, 팔, 나아가 몸 전체의 움직이는 감각을 알아차리는 걷기 명상_walking meditation, 누운 자세로 왼발, 왼다리, 오른발, 오른다리, 골반, 배, 허리, 등, 이어서 가슴, 어깨, 양손, 양팔, 목, 얼굴, 머리로 옮기면서 감각을 알아차리는 바디 스캔_body scan, 요가 동작을 취할 때마다 감각을 알아차리는 요가 명상_mindful yoga 등이 있다_Jon Kabat-zin, 2005.

▌비공식 명상_informal practice

식사, 청소, 운동, 출퇴근 등 일상생활을 하던 중 호흡, 감각, 감정, 생각을 알아차림으로 수행되는 것이 비공식 명상이다_Jon Kabat-zin, 2005. 또한 가족, 직장동료 등 인간관계에서도 수행될 수 있는데, 상대방의 말에 온전히 주의를 기울이는 '마음챙김 듣기_mindful listening', 호흡 명상을 통해서 분노, 잡념, 조급함 등에서 벗어나 상대방의 입장을 충분히 고려하며 말하는 '마음챙김 말하기_mindful speaking'가 그 예이다. 일하던 도중 잠시 생각을 멈추고_Stop 몇 차례 깊게 호흡하고_Take a few deep breaths 현재 일어나는 생각, 감정, 감각을 관찰한 후_Observe 하던 일을 계속하면_Proceed 부정적인 심리상태에서 벗어나 효과적인 업무수행이 가능하다_Elisha Goldstein, 2013. 이러한 마음챙김 과정은 STOP_S=Stop, T=Take a breath, O=Obseve, P=Proceed라는 약어로 표현되는데 일상생활에서 마음챙김 상태를 유지하는 손쉽고 효과적인 방법으로 널리 사용되고 있다_Elisha Goldstein, 2013.

이러한 마음챙김이란 지금 여기에서_here and now 자신의 마음에서 일어나는 모든 현상에 깨어 있는 것을 의미하며, 이를 위해 마음에서 일어나는 현상에 집중하고 있어야 하며, 그 현상을 정확하게 알아차릴 수 있어야 한다. 마음에서 일어나는 현상을 판단, 평가, 비교, 분석, 추론하지 않고 바라보는 순수한 관찰을 의미하며 이러한 명상을 통한 훈련으로 그 수준을 높일 수 있다_J.Kabat-zin, 2013.

마음챙김 명상이 다른 명상과 구분되는 가장 큰 특징은 모든 현상을 있는 그대로 바라본다는 것이다. 일반적인 명상은 주의집중할 대상을 정하고 그 대상에 순수하게 마음을 두는 것에 초점을 둔다면, 마음챙김 명상에서는 주의집중의 대상을 정하지 않고 매 순간의 경험을 주의집중한다는 것이다_P.Grossman et al., 2004.

앞서 소개한 법조인의 직업군에서 미국의 로스쿨에서 법 실무와 로스쿨 교육에 마음챙김 명상을 도입했고, 이것이 법 실무에 긍정적인 효과를 미친다는 내용을 보았다. 다양한 연구에서 마음챙김 명상이 스트레스 감소와 업무능력을 향상시키는 결과를 볼 수 있었다.

이러한 마음챙김과 반대되는 개념으로 마음놓침_mindlessness이 있다. 마음놓침은 우리가 일상생활에서 흔히 경험하는 마음의 방황상태를 의미한다_최연희, 2017. 사람은 휴식을 취할 때조차 마음이 끊임없이 이리저리 떠도는 상태_mind-wandering에 있게 되는데, 이러한 상태는 뇌의 에너지를 많이 소모해 진정한 의미의 휴식을 취할 수 없게 한다_최연희, 2017. 연구에 따르면 휴식 중 50% 이상 뇌가 활동하는데, 그중 90% 이상 같은 생각을 맴도는 마음의 방황상태를 경험한다_J.A.Brewer et al., 2014. 마음챙김과 마음놓침은 상호배타적이어서 하나가 활성화되면 다른 하나는 활동이 자동적으로 줄어드는데, 이러한 흐름을 표현한 것이 다음의 그림 10 이다_최연희, 2017.

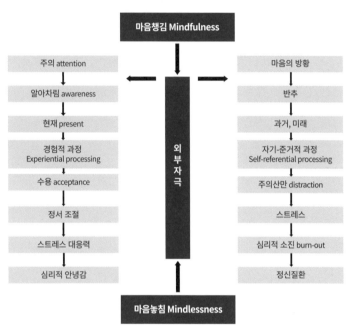

그림 10 마음챙김과 마음놓침

마음챙김 Mindfulness

주의 attention	마음의 방황
알아차림 awareness	반추
현재 present	과거, 미래
경험적 과정 Experiential processing	자기-준거적 과정 Self-referential processing
수용 acceptance	주의산만 distraction
정서 조절	스트레스
스트레스 대응력	심리적 소진 burn-out
심리적 안녕감	정신질환

외부자극

마음놓침 Mindlessness

출처_최연희, 2017

　신체의 감각에 대한 지속적인 알아차림을 열린 마음으로 진행하는 마음챙김 명상을 통해 걱정과 불안, 슬픔에 얽매이지 않는 건강한 삶을 사는 것이다. 이러한 마음챙김에서 강조하는 5가지 측면은 아래와 같다_R.A.Baer, 2005.

　첫째, '알아차림으로 하는 행동_act with awareness'은 자신이 현재에 온전히 존재하는 것을 의미한다. 이것은 마음챙김의 가장 기본

개념인 현재_present를 강조하는 것으로, 자신의 마음이 현재에 머물지 못하고 과거와 미래를 떠도는 속성이 있음을 알아차림으로써 현재에 마음을 머물게 하는 의도이다.

둘째, '관찰하기_observe'는 내·외부 세계에 대한 자신의 감각, 감정, 생각을 있는 그대로 관찰하는 것을 의미한다. 우리는 본능적으로 부정적인 경험을 회피하려고 하는 경향을 마음챙김 관찰을 통해 열린 마음으로 모든 것을 관찰하는 것이다. 이것은 현재에 주의_attention을 기울이게 한다.

셋째, '서술하기_describe'는 지각하는 모든 것을 간단한 단어로 서술하는 것을 의미한다. 자신이 인지한 자신의 내·외부 세계를 표현하기 위해 언어를 사용하는 능력을 말한다.

넷째, '비자동반응_non-reactivity'은 어떤 상황에서 반응하기 전에 위에서 언급한 마음챙김의 세 가지 요소_알아차림, 관찰, 서술를 통한 경험의 변화를 그대로 지켜보는 것을 의미한다. 이것은 그동안 자동반사적으로 반응하던 것에 적절하고 다르게 반응하는 선택과 여유를 만들어준다.

다섯째, '비판단_non-judgement'은 자극과 경험에 대해 자동으로 판단하고 평가하는 경향을 배제하는 것을 말한다. 이와 같은 자신과 자신의 경험에 대한 비판단적 수용은 자기자비와 자기사랑의 기초가 된다.

이러한 마음챙김의 5가지 측면은 훈련과 연습을 통해 그 수준을 높일 수 있다. 이러한 특성으로 마음챙김을 기반으로 한 다양한 심리치료가 활용되고 있는데, 마음챙김 기반 스트레스 감소 프로그램_Mindfulness-Based Stress Reduction:MBSR, 마음챙김 기반 인지치료_Mindfulness-based Cognitive Therapy:MBCT, 수용전념치료_Acceptance and Commitment Therapy:ACT, 그리고 변증법적 행동치료_Dialectical Behavior Therapy:DBT 등의 치료기법이 포함된다.

마음챙김은 인간의 부정적인 생각과 신체감각_통증, 우울, 스트레스, 불안 등의 증상에 관해 정서적으로 반응하며 계속 반추하는 습관적이며 자동적인 경향을 감소시키는 효과가 입증되었다_Z.V.Segal et al., 2002.

마음챙김은 우리 주변에서 명상으로 쉽게 접할 수 있다. 최근 연예인들이 활동하지 않는 휴식기에 명상을 통해 자신의 마음을 평온하게 하고 현재 있는 그대로의 모습을 받아들이는 것을 방송에서 종종 볼 수 있다. 스타의 반열에 오른 많은 연예인은 스타의 모습이 자신의 실제 모습인지 집에 있는 자신의 모습이 실제 모습인지에 관해 정체성의 혼란을 겪는다. 이것을 바로잡아 주는 것에 마음챙김을 이용하는 것이다. 이것은 스타의 자리에 집착하던 자신의 모습을 내려놓고 마음의 평온을 찾는 과정을 돕는다.

마지막으로 마음챙김을 적용한 심리상담자의 연구에서 마음챙김의 적용 영역은 다음과 같이 설명된다_최연희, 2017.

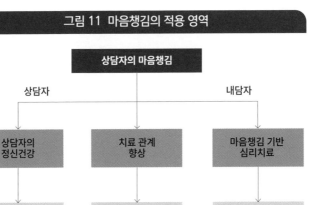

그림 11 마음챙김의 적용 영역

상담자의 마음챙김

상담자 / 내담자

| 상담자의 정신건강 | 치료 관계 향상 | 마음챙김 기반 심리치료 |

스트레스 감소
소진 예방
공감피로 예방
자기-자비 증가
자기-돌봄
심리적 안녕감

공감능력
친밀감
치료적 현재감
일치성
진정성
몰입
치료동맹

MBSR
마음챙김 기반 스트레스
감소 프로그램
MBCT
마음챙김 기반
인지행동치료
DBT 변증법적 행동치료
ACT 수용전념치료

출처_최연희, 2017

이는 심리상담자에 국한해 나타낸 그림이지만 다양한 직업의 특성에 따라 적용할 수 있다. 상담자나 내담자에게 모두 긍정적인 결과를 기대할 수 있으며 치료관계의 향상도 함께 도모할 수 있다. 이것은 모든 직업군에 꼭 필요한 것으로, 다양한 직업군의 기본 교육과정에 포함되었으면 하는 바람이다.

에필로그

　탈고를 앞두고 감회가 새롭다. 2010년부터 감정노동을 연구하기 시작했다. 경영학을 공부하며 조직심리를 연구하고, 이후 감정노동이 일어나는 개인심리에 관해 공부하기 위해 심리학과에 편입하기도 했다. 그렇게 11년을 달려왔다. 공부란 참 끝이 없다. 이 책에서 각 분야의 이후 연구가 필요한 항목을 정리하며 이것이 내가 할 일인지에 대해 자문해보았다. 앞으로 더 연구할 것인지에 관해, 아이 둘의 워킹맘인 난 자신이 없다. 지난 10여 년이 많이 힘들었던 모양이다.

　이 책을 집필하며 느낀 점은 직업별 논문은 보통 그 직업에 해당하는 사람이 쓴다는 점이다. 예를 들면, 교사에 관한 논문은 현직 교사가, 법관에 관한 논문은 법관이, 심리상담사에 관한 논문은 심리상담사가 쓴다. 대부분 학위 논문이거나 혹은 교수의 논문이기 때문이기도 하다. 그래서 이 책이 되도록 많은 사람에게 읽혀 각 분야에 속한, 그리고 앞으로 논문을 쓰려고 준비하시는 분들이 참고하셨으면 좋겠다.

　자살하는 교사의 뉴스가 주기적으로 방송된다. 조류독감으로 닭 몇 만 마리를 살처분한 소방대원이 심리상담 치료를 받는다는 이야기도 나온다. 이런 뉴스가 나올 때마다 해당 직업군의 정신건강을 보호하기 위한 법안을 만들 수는 없다. 모든 직업의 정신건강은 보호되어야 한다. 그것이 지난 10년간 연구한 결과이다.

공공기관은 기업강의와 비교하면 강의료가 소박하다. 소방공무원같이 감정노동이 심각한 직업군은 강의료가 작아서 죄송하다며 전화한 담당자에게 나는 괜찮다며 지방이라도 반드시 달려간다. 그것은 감정노동해결연구소를 운영하며 감정노동을 강의하는 나의 소명이라 생각한다. 다른 분들도 이 이어달리기의 연구에 기꺼이 참여해주시길 부탁드리며 이 책을 마친다.

참고문헌

· 강길주(2018), 경찰공무원의 심리적 외상과 외상 후 스트레스 장애 대응 방안
  에 관한 연구, 한국경호경비학회, 56, 31-54.

· 고용노동부(2015), 감정노동으로 인한 업무상 질병 인정범위 및 기준에 관한
  연구, 한양대학교 산학협력단.

· 고용노동부(2017), 감정노동 종사자 건강보호 핸드북, 2017-직업건강-627.

· 고인곤, 문명주(2017), 항공사 직원들의 감정노동 유형별 소진에 대한 실증적
  연구, 관광학연구, 41(7).

· 공혜원, 김효선(2014), "직장 내 경험에 따른 감정노동 프로세스 모델 구축에
  관한 연구: 근거이론을 중심으로", KBR, 18(4).

· 곽성희(2014), 블랙컨슈머의 악성적 행동에 관한 사례분석_식품과 공산품을
  중심으로, 관광·레저연구 제23권 제3호(통권 제 58호).

· 권석만(2013), 현대 이상심리학, 학지사.

· 김기성 외(2017), 인천지역 안경사의 감정노동 수준에 대한 연구, 대한사과학
  회지, 19(3).

· 김기대(2014), "미국 법조계와 로스쿨의 마음챙김 명상(mindfulness
  meditation) 도입 동향과 한국 법조계의 그 도입 전망", 법조, 689(2).

· 김미경(2019), 감정노동전략이 감정고갈과 직무만족에 미치는 영향, 경희대학
  교.

· 김미정(2014), 미용서비스 산업 종사자의 감정노동이 이직의도에 미치는 영향,
  한국메이크업디자인학회지, 10(2), 31-42.

· 김상준(2013), 감정노동이 직무만족 및 조직몰입에 미치는 영향에 관한 연구, 용인대학교.

· 김성일(2011), 생활체육지도자의 감정소진과 직무소진, 직무만족 및 이직의도의 관계, 한국체육학회지, 50(3), 333-344.

· 김세경, 이동훈, 장벼리, 천성문(2015), 고위험 공무 직업군의 외상후 스트레스 장애(PTSD)에 대한 국내 연구 동향, 재활심리연구, 22(2), 393-416.

· 김승섭, 주영수, 강태선, 김미영(2016), 소방공무원 안전 및 보건 실태조사, 국가인권위원회.

· 김은숙(2019), 미용종사자의 감정노동이 직무스트레스에 미치는 영향, 동덕여자대학교.

· 김중인(2018), 감정노동에서 감정표현규칙 유형별 지각이 감정고갈에 미치는 차별적 영향: 감정조절방법들의 다중매개효과, 홍익대학교.

· 김학재(2015), 한국형 감정노동 평가도구를 적용한 대학병원 의료인들의 감정노동 분석, 중앙대학교 대학원.

· 김혁수(2019), 호텔 감정노동을 고려한 호텔서비스 매뉴얼 연구, 호텔리조트연구, 16(1), 1598-7760.

· 김희진(2016), 중등 과학교사의 감정노동에 대한 탐색: 과학 수업을 중심으로, 강원대학교.

· 김희경(2017), 중등 과학교사의 감정표현규칙과 감정노동 유형, 한국과학교육학회지, 37(4), 705-717.

· 문영주(2013), 사회복지 종사자의 감정노동 전략, 표현규칙, 감정노동 차원이 감정부조화에 미치는 영향, 한국거버넌스학회보, 20(3), 275-303.

· 문유석(2009), 경찰관의 업무적 자아효능감이 직무만족과 조직몰입에 미치는 영향, 지방정부연구, 13(4), 83-102.

· 박규복(2019), 소방공무원의 감정노동과 직무소진의 관계에서 정서지능의 매개효과, 단국대학교.

· 박유정 외(2013), 직무스트레스, 직무만족도, 감정노동이 미용종사자의 이직의도에 미치는 영향 연구, 아시안뷰티화장품학회지, 11(1), 111-118.

· 박석희 외(2017), 산림치유프로그램이 교사의 스트레스와 긍정·부정감정에 미치는 효과, 한국환경생태학회지, 31(6), 606-604.

· 변영석 외(2015), 경찰공무원의 한국판 사건 충격 척도로 평가한 외상후 스트레스 장애 및 관련 요인, 제 55차 대한직업환경의학회 가을학술대회자료집.

· 부산청년유니온(2015), 콜센터 상담원 노동환경 실태발표 및 처우개선을 위한 토론회, 부산시의회 중회의실, 2015. 1. 20.

· 성영태(2012), 경찰관의 감정노동이 스트레스에 미치는 영향, 지방정부연구, 16(4), 187~206.

· 소방방재청(2011), 소방공무원 직무스트레스와 PTSD.

· 아주대학교(2008), 소방공무원 외상후 스트레스 실태 분석 연구, 소방방재청 연구보고서.

· 안대희(2014), 외식업체에 있어 정리해고가 조직성과에 미치는 영향, 한국호텔관광학회, 14, 153-166.

· 앨리 러셀 혹실드(2009), 감정노동_노동은 우리의 감정을 어떻게 상품으로 만

드는가, 이매진.

· 어예리(2015), 초등학교 교사의 감정노동, 감정표현규칙 군집에 따른 심리적 소진의 차이, 인천대학교.

· 오정훈, 송연숙(2015), 헤어 미용업 종사자들의 직무 스트레스와 감정노동에 따른 직무만족과의 관계, 한국미용학회지, 21(4), 653-663.

· 오진환(2006), 소방대원의 이차 외상성 스트레스, 소진 및 신체적 증상의 영향 요인 분석, 한양대학교.

· 유영현(1998), 경찰공무원의 스트레스에 관한 연구 : 스트레스 완충요인을 중심으로, 원광대학교 대학원.

· 유종연(2019), 정신병원 종사자의 감정노동이 소진에 미치는 영향에 관한 연구: 회복탄력성과 사회적 지지의 조절효과 분석, 명지대학교.

· 유정희(2020), 방송인의 감정노동과 직무스트레스가 심리적 안녕감과 소진에 미치는 영향, 심리행동연구, 2(1), 97-114.

· 윤서영(2016), 내 마음의 고요함, 감정노동의 지혜, 커리어북스.

· 윤서영(2018), 감정노동 직업군의 정의 및 감정노동 권익보호 매뉴얼의 문헌연구, 고객센터 서비스 저널.

· 윤서영(2019), 진상 고객 갑씨가 등장했다_감정노동 보호 매뉴얼, 커리어북스.

· 윤서영(2020), 불만고객에 대한 콜센터 상담사의 지각된 감정표현규칙이 직무만족에 미치는 영향-감정소진의 매개효과를 중심으로, 전남대학교.

· 윤현석, 이동원(2012), 테이져건 사용에 관한 경찰관 인식에 관한 연구, 한국경찰학회보, 14(6), 215-236.

· 이광수, 허진(2017), 태권도 지도자의 감정노동이 감정소진, 직무만족 및 직무

성과에 미치는 영향, 국기원 태권도 연구, 8(4), 289-309.

· 이민정, 김정만(2013), 국내 저비용항공사의 선택속성이 고객만족 및 재구매

의도에 미치는 영향, 호텔경영학연구, 22(2), 189-209.

· 이병남(2017), 소방공무원 현장안전현황 실태조사, 아주대학교.

· 이승환(2019), 고위험공무원(소방관·경찰관)의 PTSD가 자살사고 및 직무만족

에 미치는 영향에서 사회적 지지의 조절효과, 대구카톨릭대학교.

· 이영아(2017), 미용 종사원의 감정노동이 이직의도에 미치는 영향, 건국대학

교.

· 이재하, 박서연(2015), 뷰티서비스 종사자들의 감정노동과 레포형성이 직무만

족에 미치는 영향, 한국인체미용예술학회지, 16(2), 259-270.

· 이정현 외(2015), 경찰공무원에서 외상후스트레스장애와 기질 및 성격 특성의

관계, 대한불안의학회지, 11(1), 61-68.

· 이종락(1997), 한국 TV 앵커의 특성에 관한 연구 : 방송담당기사의 비교평가를

중심으로, 한국외국어대학교 대학원.

· 이진국(2010), 도시환경에서 건축물과 장소의 인지태도 및 유형에 관한 연구,

영남대학교

· 산업안전보건법, 국가법령정보센터.

http://www.law.go.kr/lsEfInfoP.do?lsiSeq=203199#

· 선우경(2002), 아나운서 진행 프로그램과 외부 MC 진행 프로그램의 비교분석:

iTV 경인방송 사례를 중심으로, 연세대학교.

· 성영태(2012), 경찰관의 감정노동이 스트레스에 미치는 영향, 지방정부 연구,

16(4), 187-206.

· 손준종(2011), 초등학교 교사의 감정노동 연구, 한국교육학연구, 17(3), 93-127.

· 신지윤(2015), 항공사 이용 고객의 불량행동이 객실승무원의 직무스트레스에 미치는 영향: 감정노동의 매개효과를 중심으로, 24(2), 237~253.

· 장연희(2015), 미용서비스 종사자의 감정노동에 따른 스트레스, 우울증, 삶의 질 연구, 서경대학교.

· 전선복(2014), 미용종사자의 고객 불평행동 경험이 이직의도에 미치는 영향; 불평처리 스트레스의 매개효과를 중심으로, 광주여자대학교.

· 정경숙, 최수정, 박명옥, 이암(2015), 콜센터에서 감정표현규범에 따른 상담사의 감정노동이 감정부조화, 감정소진, 이직의도에 미치는 영향, 대한경영학회지, 28(2), 2015.2, 529-551.

· 정태식(2017), 소방공무원의 직무만족도가 국민안전체감도에 미치는 영향에 대한 연구, 강원대학교.

· 지성연(2018), 소방공무원의 직무스트레스 완화를 위한 복지방안에 관한 연구, 경희대학교.

· 지진호(2009), 여행업 종사원의 감정노동과 서비스 제공 수준과의 영향관계, 한국콘텐츠 학회 논문지, 9(5), 284~292.

· 최상진(1997), 현대심리학의 이해, 학문사.

· 최수정, 정기주(2018), 콜센터에서 상담사의 지각된 고객언어폭력이 감정노동과 감정소진에 미치는 영향, 경영학연구, 45(1), 295-328.

· 최연희(2017), 상담자의 자기돌봄과 소진/공감피로의 관계에서 마음챙김과 자기자비의 역할, 서울벤처대학원.

· 최혜윤(2015), 대학상담센터 상담자의 심리적 소진과 회복 경험에 대한 질적 연구, 건국대학교.

· 한옥임(2015), 고객관련 스트레스 요인이 미용서비스 종사자의 직무소진에 미치는 영향, 서경대학교.

· 한진수, 임철환, 이혜미(2014), 호텔 종사원의 감정노동이 직무소진, 직무만족 및 이직의도에 미치는 영향, 관광·레저연구, 26(5), 79-97.

· 황이화(2017), 여고생 자살 부른 해지방어는 중죄, LGU+ 최고 과징금, 프라임경제.

· 허경옥(2016), 소비자상담사의 상담 특성, 감정노동이 상담업무의 스트레스와 만족도에 미치는 영향 구조분석-근무년수 및 정규직 여부의 조절효과를 중심으로, 소비자문제연구, 47(2).

· Ashforth, Blake E. and Humphrey, Ronald H.(1993), Emotional Labor in Service Roles: The Influence of Identity. Academy of Management Review. 18(1): 88-115.

· Beatty, B. (2000), The emotions of educational leadership: Breaking the silence. International Journal of Leadership in Education, 3(4), 331-357.

· Choi, J. H. and G. Y. Park(2010), Effect of 10-week forest exercise on change of melatonin concentration in the elderly, Journal of Physical Education and Lifetime Sports Science 21: 135-142.

· Elisha Goldstein(2013), "Stressing out? S.T.O.P.", Mindful(August), p.66.

· Epstein(1997), Why Shrinks Have So many Problems. Psychology Today. July/August, 59-78.

· Hochschild, A. R.(1983), The managed heart, Berkeley. CA: University of California Press.

· Jon Kabat-zin(2013), 존 카밧진의 마음챙김 명상, 학지사.

· KRIVET Issue Brief(2003), 26호.

· Gilroy, P. J., Carroll, L. U., & Murra, J.(2002), A preliminary survey of counseling psychologists' personal experience with depression and treatment. Professional Psychology: Reserch and Practice, 33(4), 402-407.

· Grandey, A., & Gabriel, A.(2015), Emotional labor at a crossroads: Where do we go from here? Annual Review of Organizational Behavior, 2(1), 323-249.

· Grossman, P., Niemann, L., Schmidt, S., & Walach, H.(2004), Mindfulness-based stress reduction and health benefits: A meta-analysis, Journal of Psychosomatic Research, 57(1), 35-43.

· Mahoney, M. J.(1997), Psychotherapists' personal problems and self-care patterns. Professinal Psychology: Research and Practice, 28(1), 14-16.

· Oreans, C., Ulmer, C. C., and Gruman, J. C.(2004), "The role of behavioral factors in achieving national health outcomes. In R. G. Frank, A. Baum, and J. L. Wallander (Eds.). Handbook of Clinical

Health Psychology, 3(465-499).

· Segal, Z. V. & Williams, J. M. G. & Teasdale, J. D.(2002), Mindfulness-Based cognitive Therapy for Depression(마음챙김 명상에 기초한 인지치료), 학지사(2006).

· Shauna L. Shapiro(2009), The Art and Science of Mindfulness: Integrating Mindfulness into Psychology and the Helping Professions, American Psychological Association, pp. 45~60.

· Weiss, H. M. and Cropanzano, R.(1996), "Affective events theory: A theoretical discussion of the structure, causes and consequences of affective experiences at work." Research in organizational behavior: An annual series of analytical essays and critical reviews, 18, 1-74.

· Winograd, K. (2003). The Function of Teacher Emotions : The Good, the Bad, and the Ugly. Teachers College Record, 109(9), 1641-1673.

· Yi, S.(1993), Transformation of child socialization in Korean culture: Perspectives on Korean care, development and education. Early Child Development and Care, 85, 17-24.

모든직업에서
감정노동이 발생한다

2쇄 발행 2024년 12월 6일

지은이   윤서영
펴낸이   윤서영
펴낸곳   커리어북스
디자인   얼앤똘비악
편집   김정연, 배수인
출판등록   제 2016-000071호
주소   용인시 기흥구 강남로 9, 504-251호
전화   070-8116-8867
팩스   070-4850-8006
블로그   blog.naver.com/career_books
페이스북   www.facebook.com/career_books
인스타그램   www.instagram.com/career_books
이메일   career_books@naver.com

값   16,000원
ISBN   979-11-971982-0-5